超靈氣の奥義

宇宙からの贈り物

長《ちょう》 勝盛《かつしげ》

元就出版社

はじめに――序に代えて

＊レイキヒーラーとは？

本来人間や動物に備わっている自然治癒力や、文明の進歩とともに失った手の力を取り戻すことでヒーラーになります。

我々の体にはエネルギーの通る道が無数にありますが、これをチャクラと呼びます。この中でも頭頂から尾骨まで繋がっている七つのチャクラを開くことで宇宙のエネルギー（氣）を体内に入れることが可能になります。

このエネルギーによって手からも強い氣が出るようになり、自分自身、他者の体に触れ、その氣を体内に流すことで悪い部分の波動を変えて調律、改善することができます。

宇宙のすべての物質は波動であることが最先端の量子力学で証明されています。簡単に言うと患部の間違った波動を調律することで、正常な波動数に戻す治療法といえます。故に気功と違ってあなたの努力は不要です。誰もが三歳まではレイキヒーラーでしたから。

私が六〇歳を超えて『靈氣』を世に広めることを「ライフワーク」として活動を始めたのには、ある高校球児との出会いがありました。

詳細については後述しますが、先ずは私自身の普通ではない特異な生い立ちについてお話ししましょう。

私は博多の割烹旅館の男ばかり五人兄弟の末っ子として、本来は生まれて来なかったはずの赤ちゃんとして生を授かりました。

当時の食料事情下、既に男ばかり四人の息子がいる中で、かなり母も父も私を産むことを悩んだようですが、お産婆さんの「ダイさん（母の名前）、今度の赤ちゃんは小さいから絶対に女の子だから産みなさい」の一言で私は、この世へ縁を繋ぐことができました。そして生まれた私は体重一八〇〇グラムの当時としては、生存が危ぶまれるほどの超未熟児でした。父母の期待を見事に裏切って男の子でした！

この時から神様に救われたんだと今も強く信じています。

私の血筋は父方、母方も、代々、信仰の深い家系でした。

そんな環境の中で、私は三歳の頃から、末っ子ということもあり，山岳密教の信者であった母に連れられて、当時、山岳密教では九州を代表すると言われた父方の叔父、原田観心の下で、修行をさせられ叔父の巫女として、七歳まで「滝行」「山行」「火の行」などと山岳密教の行者として、幼稚園にも通わず無邪気に楽しんで山岳密教を学びました。

そして、数十年の修行を積み「伝法灌頂《でんぽうかんじょう》」を受け阿闍梨《あじゃり》位《い》の叔父から七歳の時に得度を授かりました。

その頃、「手当て法・息吹」という靈氣と同じような技法を習得し、近所の人や叔父の下を訪れる信者さんの体の不具合を、無邪気に喜んで治したり、叔父の除霊の手伝いなどをしていました。

しかし、小学校入学と同時に、初めて外の世界を知った私は、霊的な世界よりも俗社会の楽しさを選択して、密教からは五〇年近く遠ざかってしまいました。

＊再び密教的生き方

しかし五五歳（貧乏神の時、満年齢五三～五五歳を貧乏神の時と私は表現しています）の時に、悪霊に憑依されて長年、苦しんでいた人と遭遇し，やむなく、私が五〇年ぶりに除霊をすることがあり，神様からの啓示と悟り、その日を機に再び密教的な生き方に戻りました。

その直前には、本業の宝石ビジネスで、一番信頼していた得意先様の倒産で一億円以上の損害を受けたり、大切な友人を亡くしたりと、まさに踏んだり蹴ったりで、身も心もボロボロの時期でした。

私としては、これは神様からの啓示、兆しと思い込み、「逃げ」ではいけない、「挑む」でなければならないと強く思うようにして踏ん張って頑張っていました。

そんな時に、レイキの第一人者（この時点ではレイキという言葉さえ知りませんでした）望月俊孝先生のメルマガが配信されてきて「何これ！　絶対インチキ！　嘘でしょう！」が第一印象でした。

なぜなら、私が火の行、滝行などの苦行を積んで初めて伝授された「手当法」が「誰でも、努力なしで、僅か二、三日で取得できる」と宣伝されていたからです。

しかし、私が知らないだけで、もしかしたら、本当かもしれないな～と感じて、これも神様からの采配かもしれないと思い、望月先生のサロンが私の住む吉祥寺にあったこともあり、ご縁を感じて、受講できる時間も取れない中、とりあえず即、四日間コースの全額（確か四七万円だったと記憶しています）を振り込みました。

それから多忙な仕事のスケジュールを調整して、半年くらいかけて全コースを無事に受講することができました。五六歳で受講し、五七歳で終了できました。

感想としては望月先生の笑顔に魅了されて感心して話にも引き込まれました。しかし望月先生の直接の指導と期待していましたが、その期待は裏切られて先輩ヒーラーさんにアチューンメントを受けたことです。先生は超多忙のようで仕方ないことですが……。

それでもレイキを我が国で広められた素晴らしい望月先生と出逢えたことは、何よりも宝物となりました。

それと私が幼少の頃に学んだ山岳密教と印（九字）とシンボルが似ていると感じました。

そしてレイキが非常に効率的に簡略化され、誰にでも受講できる優れた技法とも得心しました。

しかし、私は望月先生から学んだレイキを受講してからも、私自身が慣れ親しんだ気功と手当て法を使って具合が悪い人を癒していました。このようにすっかりレイキを忘れてしまっていました。

＊レイキセミナーを開催

私は一九歳から、宝石ビジネスに携わり、世界中、日本中を年間三〇〇日以上飛び回る日々を今日まで過ごしており、レイキも人に伝えることなどまったく考えもせずに楽しんで国内外を宝石の買い付けや、営業で年間三三〇日近く日々飛び回っていました。

そんな中、六三歳時、超多忙な私に奇跡的に夏休みが五日間取れることになり、何をして過ごそうかな~と考えている時に、インスピレーションが走り、「そうだ！　この休みを活かして、私同様に日本中飛び回っている社員に「レイキを教えてみよう！」と思い立ち、その場で全社員に「有料レイキセミナー開催」と一斉メールを発信しました。

その呼びかけに六名の社員が応じてくれ、有り難くも、なんとか伝授することができました。

とは言え、かなり伝授も大変で、もう教える気もなくして過ごしていた二、三週間後に、冒頭に紹介した、プロを目指していた高校球児の緊急事態が発生しました。

私が以前から親しくしていたお客様の高校二年生のご子息が突然、心肺停止で余命三時間を宣告される事態が起きてしまいました！　未来を嘱望され、プロ野球選手を目指していた屈強な青年が、突然の心臓マヒで死を宣告されたのです。

お客様は以前から私の「手当て法」の力を長年見てきて、「こうなれば頼るのは長先生しかいない」と思ったそうで、私にSOSの連絡をくれました。

私自身にも息子がおり、彼の心痛は他人事ではなく、本当に気の毒と身につまされました。

親御さんに面識もないご子息の全身の写真をメールで送ってもらい、詳しく症状を聞いて外出先から急遽、帰社したら、運がいいことにレイキ伝授した六人中、五人が在社（通常、我が社の社員はほとんど出張していて五名も在社していることは奇跡でした）していて既に高校球児の写真をA４サイズでプリントアウトしてくれていました。

私はこの瞬間に「この高校生は助かる！」と確信しました。

６という数字は宇宙の基本数字で「再生」の意味もある数霊ですから（因みにキリストを表す数霊も６）。

そして、六人で高校生の写真に向けて、シンボル・マントラを使って円陣を組んで、一心不乱に無為自然に遠隔霊氣を流しました。

＊奇跡的に蘇生した!!

すると三〇～四〇分経過した頃、彼の父親から、涙声で電話が入りました「長先生！ありがとうございます!! 息子が甦りました！ 本当に本当にありがとうございます！」と。

この瞬間に無上の喜びの感情が湧き上がり、涙が止まりませんでした。そしてしばらく時間が経過して落ち着いた時、突然に私の頭の中に稲妻が走りました。

「こんな凄いことが、遠く離れた、一度も会ったこともない人を死の淵から救うことができる霊氣を授かりながら、私の都合で広めないことは宇宙の道理に反している！ 仕事の忙しさを理由に今まで伝授を怠けていたが、生涯かけて一人でも多くの人に伝えないと、命を貸し与えくれてた神仏、両親の恩に報いることもできないし、人生、生まれさせでもらった価値もない！」

と、この緊急事態の三か月後から六三歳で本気で仕事の合間を縫って、宝石ビジネスで出会った皆さんのサポートを得て、いろいろな誤解や偏見にも負けずに霊氣伝授の全国行脚をスタートしました。

＊超靈氣・健幸ライフ

私の霊氣は私が六〇年間の中で、必然的に学んできた山岳密教・神道・気功・シルバーメソッド・導引術・レイキが混じり合った「超霊氣」と言えると思います。

一般的に全世界に広がった「西洋レイキ」とは若干違うものとなっています。

ぜひ読者の皆さんに、全ての自然の動植物や細菌、ウイルスや縄文人、三歳までの赤ちゃんが神様のギフトとして持っていた究極の自然治癒力「手当てパワー」を取り戻して頂き、医者・薬に頼らない心身共に自然の力を取り入れてタフになれる霊氣を取得されて健幸ライフを寿命が尽きるまで送って欲しいと願っています。

この国の若者が教育を受けるのに莫大なお金がかかるのは、巨額の医療費が一因です。お金持ちも貧しい人も平等に無料で教育を受けられる北欧の国々のようになることが、国民国家の安泰の基盤であると私は信じています。

無駄な医療費を少しでも減らすことは若者の未来を明るくすることにも繋がると信じて、全国で十数年続けている無料の「健幸セミナー」と霊氣によって、少しでも無駄な医療費が軽減されることを願って全国に霊氣の同志を募って「氣愛」を入れて頑張っています。

この拙著がそのきっかけになってくれたら嬉しい限りです。

【超靈氣の奥義　目次】

第一章　現代靈氣の歴史と流れ

一　肇祖《ちょうそ》　臼井甕男

＊創始者臼井《うすい》甕男《みかお》（一八六五～一九二六年）

臼井先生は様々な体験をされて、その中で「人生の目的は？」という命題を追求する目的で、禅の道で修行を重ねる中、苦悩されておられた五七歳の時に、禅の師に言われた「一度死んでごらん」の一言で、死を覚悟して京都鞍馬山に入山され、断食を始められて二一日目の明け方に、体の中に大きな閃光を感じられ、その瞬間に心身共にエネルギーに満たされ、宇宙自然との一体感を覚え、悟りに到達したと思われます。

先生は二一日目にして悟りに到達したことに喜び勇み、急いで下山しようとする途中、つまずいて、左の足の親指の爪が剥がれ落ちる怪我をされ、焼けるほどの激痛が走りましたが、先生が思わず手を当てたところ、たちどころに血はとまり、激痛も嘘のように治りました。

さらに二一日間の断食の後の空腹を満たそうと、麓の茶店で食事をされていたら、茶店の

〈肇祖・臼井甕男先生〉

主人の孫娘がひどい虫歯の痛みで泣いているのを見て、先生がその娘の頬に手を当てられたら瞬く間に少女の痛みは消え去り、茶店のご主人も娘も唖然として驚きました。

そして、帰宅後、家族や知人の手当てをされたところ、皆の痛みや不具合が解消した。

先生は、この宇宙から授かった力を世の人たちにも広めたいと決心され、研究研鑽の末に、この力を万人に伝授する方法を見出されました。

これが臼井式霊氣療法の始まりと語り継がれています。

一九二二年四月に臼井霊氣療法学会が設立され、臼井先生が育てられた二一名の師範（伝授を許された資格者）が日本中に広め、その一人、元海軍大佐でもあった林忠次郎師範が一九二四年に新宿に開いた霊氣診療所（のちに林霊氣研究所を設立されハワイでも霊氣の普及活動に当たられた）では、連日、長蛇の列ができほどの人気であったそうです。

＊高田ハワヨ女史（一九〇〇〜一九八〇年）

この林師範に命を救われた、ハワイから難病治療のために東京を訪れたハワイ生まれの日

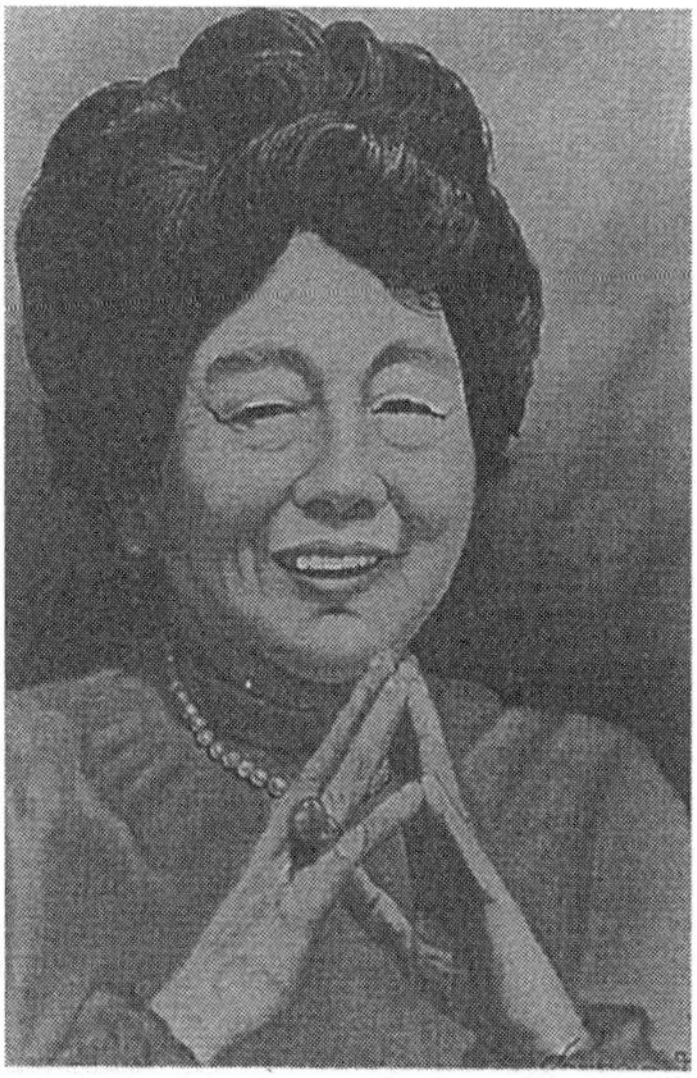
〈高田ハワヨ先生〉

系二世の高田ハワヨ女史は、一年間の下働きの末に林師範にセカンド・ディグリーまでを伝授されました。

そして高田女史が帰国後、一年以上経過した一九三八年に林師範がハワイに渡られて彼女に師範（神秘伝）の伝授をされました。

帰国後、高田女史は三〇年間近くハワイでREIKIを教えられましたが、ファースト・セカンドまでしか教えられなかったとのことです。

その後の一〇年間でサード・ディグリーを教えられ、最終的には二二人のマスター（師範）を伝授されました。

マスター伝授の費用が当時の金額で一万ドル〈現・一四八万円〉もしたために「高田女史はレイキマスターをお金持ちのエリートクラブにした」と揶揄されたようです。

彼女は自分自身については、「グランド・マスター」と名乗っておられたようです。

しかし、世間が何を非難しようが、彼女のハワイでのREIKI啓蒙活動が今日の世界中に広まった西洋REIKIの出発点であったことは紛れもない事実であり、彼女の功績は称賛されるべきものでしょう。

二　靈氣の流れ

原始時代から、無為自然に動物が、身体を舐める行為と同じように、人類も不具合があると、自然に手を当てて自身を治療していました。お釈迦様やキリストなどの聖人君子、仙人の伝説の中にも手当てで人を治癒していた話は多いですね。

エリザベス女王やローマ法皇に身体を触られて、病気が治ったなどという話も多く語られています．英国では「ロイヤル・タッチ」とも呼ばれています。

〈林忠次郎先生〉

日本でも靈氣に似た民間療法が古来より伝承されてきました。だから、日本語に「手当」「看を分解すると、手の目」などの言葉があるのでしょう。

日本に伝承されてきた手当法を総合的に、システム的に構築されたのが臼井先生であったのだろうと私は勝手に推測しています。

しかし、臼井先生の「臼井霊氣療法学会」の霊氣は戦後、ＧＨＱ（連合国軍最高司令官総司令部）などの牽制もあり、密かに非公開として伝承されてきたため、あまり世間では知られなくなってしまいました。

林師範から師範を伝授された山口千代子女史によって「直傳靈氣研究会」が設立されており、ご子息の山口忠男氏が本来の臼井先生の系統の伝統靈氣を継承されています。

この研究会は他のレイキとは一線を画しており、他のレイキが、「癒し」（ヒーリング）を強調するのに対して明確に「心身の治療」として、本来の靈氣を表現しています。

戦前は堂々と各地で「靈氣治療院」と看板がかけられていたのは事実です．

日本には医師法という法律であり、残念ながら日本で治療を全面に出すことは違法行為と判断されていますが、いつの日か欧米のように、正式に代替医療として法律的にも認められる日が来ると信じています．

三　西洋レイキとレイキの国内外の状況

林師範→高田女史→高田女史の孫、フィリス・フルモト女史→レイキ・アライアンスの流れで一九八〇年代に日本にも逆輸入されて国内外で多くのヒーラーが誕生しています。

高田女史の弟子の一人、バーバラ・レイ女史（ラディアンス・テクニック）の流れで一九八〇年代に三井三重子女史によって日本に広まりました。

レイキの歴史と系譜

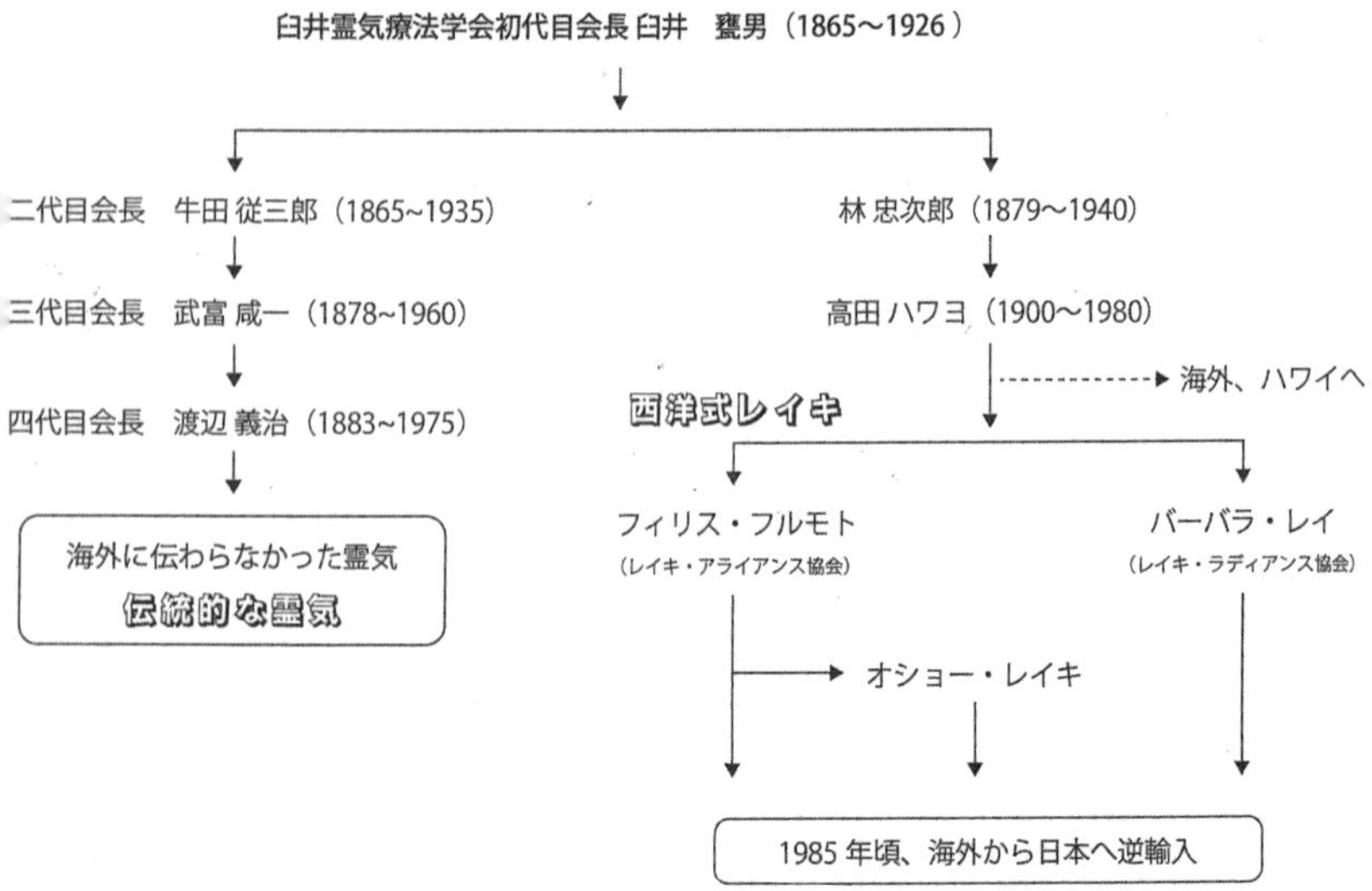

＊先進国では医療保険適用、国家資格の国も

霊氣は空気・電気・電磁波・ブラック・マターなどと同様に目には見えない波動エネルギーの一種ですが、世界中でその効果は高く評価されています。

例えば英国、カナダ、ドイツ、米国、オランダ、インド、オーストラリア、EUでは一二か国で代替医療として医療保険も適用され、実際に医療現場でも活用されています。

インド、オーストラリアでは医師免許と同様に、レイキヒーラーが国家資格として認められる国もあり、看護師や医師の必須教科や選択教科として採用されている国も増加しています。

ＷＨＯが二〇一八年に東洋医学を正式に認可したように、日本以外の諸外国では、あらゆる病気を対処療法の部分的疾患と捉えずに、東洋医学のように、心と身体は一体のものであると捉えるようになったことで針灸、氣功、霊氣も急速に世界的に認知されてきた背景があります。

西洋医学の良い面と東洋医学的に病を取り入れて、病を全体の症状の問題と考える「ホリスティック」（全体医療）医療が世界の医学界の潮流となっている背景も大きいと言えます。

米国でも米国医療協会が全病院でのレイキヒーリングを認可しており、米国国立補完代替医療センター（ＮＣＣＡＭ）では、代替医療のひとつとして、レイキを正式に認定しています。

さらに米国の大学、看護学校ではアロマセラピー、レイキは選択科目に採用されています。そして全米の医学学校一二五校のうち、七五校が代替医療の関連講座として、レイキ講座も開設されています。

ハワイ大学では任意必須科目で、ニューヨーク大学では看護学修士課程正式科目、ハーバード大学ウェルネスセンター、ベスイエラエル総合病院、ＭＤアンダーソンがんセンター、ハードフォード病院、ジョージワシントン大学メディカルセンター、アピントンメモリアル病院、スタンフォード病院などなどでも、レイキは正式に採用され活用されています。

また、ハーバード大学医学大学院のナタリー・トレイン博士が大規模なレイキについての研究をスタートしたことが二〇一八年にネット記事で紹介されました。

＊ホリスティック医療

ホリスティック医療とは、NPO法人日本ホリスティック医学協会では次のように定められています（原文のまま）。

①ホリスティック（全体的）な健康観に立脚する。

人間を「体・心・氣・霊性」などの有機的総合体と捉え、社会・自然・宇宙との調和に基づく包括的、全体的な健康観に立脚する。

②自然治癒力を癒しの原点におく。

生命が本来、自らのものとして持っている、「自然治癒力」を癒しの原点におき、この自然治癒を高め、増強することを治療の基本とする。

③患者が自らを癒やし、治療者は援助する。

病気を癒す中心は患者であり、治療者はあくまで援助者である。治療よりも養生、他者療法よりも自己療法が基本であり、ライフスタイルを改善して患者自身が「自ら癒す」姿勢が治療の基本となる。

④様々な治療法を選択、統合し、最も適切な治療を行なう。

西洋医学の利点を生かしながら、中国医学やインド医学など各国の伝統医学、心理療法、自然療法、栄養療法、手技療法、運動療法などの各種代替療法を総合的、体系的に選択、統合し最も適切な治療を行なう。

⑤病の深い意味に気づき自己実現を目指す。

病気や障害、老い、死といったものを単に否定的に捉えるのではなく、むしろその深い意味に気づき、生と死のプロセスの中で、より深い充足感のある自己実現をたえず目指していく。

＊レイキとは？

これは根本的な定義のようなもので、これを認識して頂くことで、本書の内容をより深く理解されることでしょう。

レイキとは、誰でも使える宇宙エネルギーのことで、その宇宙のエネルギーを体に取り込み、手のひらから放出して行なうのがレイキのハンドヒーリング方法です。

例えば、あなたが頭痛を感じた時、無意識に頭に手を当てていませんか？　ドキドキした時、胸に手を当てていませんか？　そうすると落ち着いてきますよね。無意識に不調のある場所にレイキを流し、それを和らげているのです。

戦前は民間療法として広く日本に普及し、海外では医療現場でもその効果がみとめられています。

端的に表せば、「人間が本来持っている自然治癒力、適応力、平安の心、感謝の気持ちを取り戻す」ことを目的としているのです。

＊レイキヒーラー、海外ではヒーロー！　日本では詐欺師として逮捕！

池江璃花子選手の病を某有名芸能人が手当法で治療していると、某有名週刊誌が特集記事を掲載したのは記憶に新しいことですが、池江璃花子選手が復帰したら、一切その報道はありません。

人のゴシップやプライベートを本業と関係ないことで、金儲けする日本のマスコミの低俗さは近年ますます酷さが増していますが、本来なら報道した責任もあり、池江璃花子選手が治った検証をしてもいいと思っています。

海外ではたくさんのレイキサロンがあり、エステサロンのようにレイキサロンが営業しているのに、金銭さえ受け取らず、奉仕の心でご近所さんや、高齢者の方を癒してくれている全国のヒーラーさんが、怪訝な見方をされている現状は悲しく残念ですが、医師法のもとでは、医者以外が医療行為をすることは禁じられており裁判では負けます。

いつの日か世界の潮流に従って、日本でも代替療法が法律でも保障される時代が来ることを願って地道に活動をして頑張るしかありませんが、日本の政治家にも理解と法制化に繋がるよう、ご尽力を願うばかりです。

＊船瀬俊介氏著『世界に広がる波動医学・近未来医療の最前線』より（原文のまま）

ハンドヒーリング（手当療法）は日本生まれ。

世界では脚光！　日本は逆行！　詐欺罪！

世界ではもっともポピュラーな「波動療法」レイキ！

①手のひらで冷感を察知！

ハンドヒーリングは「波動療法」でもオーソドックスな療法です。俗に「手当療法」と言われます。

治療師（ヒーラー）は患者の患部に手をかざして横に動かします。すると、手のひらに患部の波動を感じ取ります。

ヒーラーの方に伺うと、もっとも感じるのは冷感だと言う。

冷えは、古来から万病の元と言われます。その原因は血行障害です。いわば酸欠状態。だから、体温も上がらず臓器も冷えている。当然、細胞も弱っています。そこが病むのも当然です。

ヒーラーは手のひらに感じる、冷感で先ず診断するのです。

細胞、組織、臓器は、各々固有の周波数を持っています。そこが疲れたり、病んだりすると、固有周波数からズレた波動を出します。疲弊、疾病が重いほど周波数のズレは大きくなります。

訓練したハンドヒーラーは、その微細な変化を手のひらのセンサーで感知します。

それは、まさにたゆまぬ訓練、修練で得た特殊能力です。

②原理はＭＲＩと同じ（ベッカー博士）

世界的な電磁生態学の権威、ロバート・ベッカー博士は、ハンドヒーリングの原理はＭＲＩ（磁気共鳴映像法）と同じと明言しています。

ＭＲＩは、体内に電磁波を送り込み、その反射波などを読み取り映像化したものです。ＭＲＩは、体内の電磁波を、センサー（受信装置）で感知する。

ヒーラーは波動エネルギーを送り込み、反射波を手のひらで感知する。無論、正確さでいえばＭＲＩが格段に優れています。

しかし、こちらは人体に有害な強力な電磁波を送り込む、「あらゆる電磁波は人体に有害である」と。

ペッカー博士はこれに対して、ヒーラーが送り込むのは、極めて微細な人体から出る波動エネルギーなのでまったく安全なのは言うまでもないと、答えています。

《注》—霊氣は心身の病を治したりするものではなく、アロマセラピーやエステなどと同様、手の温もりで、対象者、自分自身を癒すもので、決して医療行為ではありません。

《注》—手に感じる感覚は個人差があり、「冷たい」「温かい」「痛い」「風《かぜ》が吹く」などと、人それぞれです。

第二章　霊氣の特徴とアチューンメント（チャクラ開き）

一　霊氣の一〇大特徴

①誰でもアチューンメントを受ければ、霊氣（宇宙エネルギー）を自在に自分自身にも他人にも、物質、空間、時空、次元にもエネルギーを送ることが可能になる。

②集中力や訓練も必要なく、その力は継続します（チャクラの歪みを時々、修正するために、ピアノと同様に、調律されることはお勧めします）。

③霊氣を流す時（ヒーリング）に集中力は不要です。集中したり治そうなどと意識すると、自分の氣を使うことになり、霊氣は流れず効果も弱くなり、相手と周波数が同期するために相手の邪気などを受け入れてしまうことがあります。

④一度、チャクラを開いたら、水道の蛇口が開かれた状態となり、手のヒラからは、霊氣は流れます。

⑤集中したり、相手と同期する必要もないので、相手の邪気などを受け取りにくい手法で

す。

⑥霊氣は流せば流すほど、自分自身（パイプ）が浄化されて、自分自身が逆に心身ともに活性化されて元気になる効果もあります。

⑦時間や空間、次元を超えた遠隔霊氣も可能で、遠く離れた人の不調を癒したり、過去のトラウマを消したり、願望達成、引き寄せ、遺失物を探したりすることも可能です。

※私的には、この遠隔の力こそが霊氣の真髄だと確信していますが、体験されたことのない人には、まるで嘘みたいな、魔法のような話に聞こえると思いますが、実際にヒーラーさんは日々この体験をされて、宇宙エネルギーと自分自身の繋がりによる素晴らしい力に感動されて大いに活用されています。

最近の宇宙量子物理学では、宇宙に存在するエネルギーも物質も全てが波動（周波数）によって存在するといわれています。シンボル・マントラをヒーラーが利用することで、ありとあらゆるエネルギー、物質と周波数を同調することが可能となります。簡単に言うと、気を合わせるということです。例えば、世界中の人が、意識もせずに利用している携帯電話は、お互いに双方向の交流ができているから話もできます。遠隔も同じようにエネルギーの双方向交換のようなものでしょう。

⑧霊氣は他の代替療法（氣功・整体・整骨・リンパマッサージ・カイロプラテックス・医学療法・作業療法・鍼灸・経絡マッサージ・エステ）などと併用しても相乗効果が認められます。

⑨霊氣は、一切、いかなる宗教、信仰とも関係はありません。無論、霊氣を取り入れている宗教はたくさんありますが……。

霊氣は本来、三歳までの赤ちゃんや、自然界の動植物が元来備わっている本能に基づく、自分自身を治す力（自然治癒力）を取り戻すことです。

⑩アチューンメントとはチャクラを開くことで、宇宙エネルギーと一体化できるようになり、心身ともに浄化され、ストレスや病から解放されて、自然界の生物本来の強さ、逞しさを取り戻して健幸な一生を歩き続けるための、魔法の杖となるものです。

二　アチューンメント　チャクラ開きとは？

アチューンメントを受けることによって、身体の主要な七つのチャクラが開通します。それにより、これまで身体の中心軸のパイプが閉じていて、宇宙エネルギーの波動を受け入れ流すことができなかったことが、容易に宇宙エネルギーを受け入れ、他に流すことが可能になります。

＊アチューンメントの伝授

日本で誕生した靈氣が瞬く間に戦後、西洋REIKIとして世界中（推定では五〇〇〜七〇〇万人ともいわれています）に広まった理由のひとつに、臼井先生が確立された、画期的なアチューンメントの手法があります。

気功や鍼灸、整体などのように特別な学習も訓練も、それほど必要ではなく、有資格者の靈氣の伝授者（神秘伝・グランドマスター）が、被験者にアチューンメントを正しく伝授すれば、世界中で老若男女を問わず、誰でも靈氣を使えるようになるという画期的な技法のお陰で、世界中でレイキヒーラーが誕生することになりました。

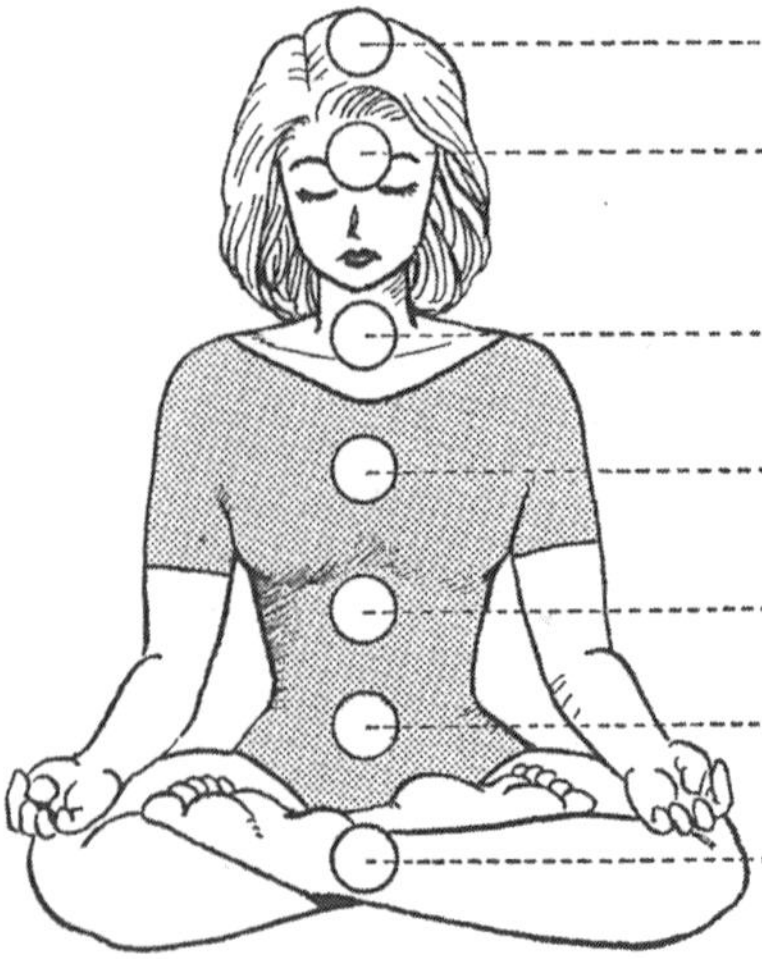

まさに人類史上、超多忙の現代人にとっては有り難い理想の代替療法の極みとも言えます。

この技法を簡単にご説明しますと、私たちは生まれた時から、自然に、空気（波動エネルギー）を吸っていますね。それと同じように宇宙からの高次元のエネルギー（靈氣）を受け取れる身体にするために、身体にあるエネルギー・ポイントの一部（身体には一〇八のポイントがあるともいわれています）、中心軸にある七箇所のセンターラインに存在するエネルギーポイント（密教・ヨガでチャクラ〈車輪の意味〉・エネルギーセンター・東洋医学では経絡・ツボ）を伝授者が開通させる技法といえます。

実は三歳くらいまでは誰でも開いていると

いわれています。昔の人は、赤ちゃんが泣く男とは付き合うな、犬が吠える男とは付き合うな、などと言っていました。無邪気な赤児には気が見えているからだと言われていました。

三歳までを昔は、仏の子と呼んだり、孫の手と呼んで、おじいちゃん、おばあちゃんは孫を抱くだけで、赤児の全身から出る霊氣に癒されるから、元気になることを教えてくれていたのでしょうね。

しかし、知識が身について自我（無邪気でなくなる）が生まれると、チャクラは閉じてしまいます。

アチューンメントとは、一旦閉じてしまったチャクラを再び開通させることです。

次にチャクラの作用と関連を紹介します。
①サハスラーラ（第七・クラウンチャクラ）＝頭頂部・知恵・悟り
②アージュナ（第六・サードアイチャクラ）＝松果体・直観・閃き
③ヴィシュダ（第五・スロートチャクラ）＝喉・創造・交流
④アナーハタ（第四・ハートチャクラ）＝胸腺・愛・エネルギースポット
⑤マニプーラ（第三・ソーラーチャクラ）＝へそ・勇気・力
⑥スワーディシュタナー（第二・ベリーチャクラ）＝丹田・調和・命
⑦ムーラダーラ（第一・ベースチャクラ）＝尾骨・土台・健康

＊アチューンメントの効果
①体温上昇（免疫力アップ）。

②手のひらの感覚が鋭くなり、自分・他人・動物の傷んでる箇所が感じるようになる。
③チャクラを開くと人の気も、場の気も受けにくくなり、ストレスも人の好き嫌いも少なくなる。触れられただけでもＰＴＳＤ・心的外傷後ストレス障害にも有効と科学的にも証明されて二〇一〇年に米軍にも採用されています。
④ヒーリングの力がアップする。
⑤直感力がアップする。
⑥慈愛の心が強くなり寛容となる。
⑦集中力、記憶力、解決力アップ。
⑧自分自身の気の流れ強さが変わり、イジメられにくくなる。
⑨オーラが大きくなり、人から認知されやすくなり、自信もつく。
⑩自分自身の身体への感謝が強くなり、感謝が深まる。
⑪赤ちゃんや動物が触って欲しくて寄ってくる。
⑫植物の寿命を延ばせる。
⑬物質への感謝のマントラシンボルを送れるようになって、車や機械が壊れにくくなる。
⑭薬や食品添加物、トイレットペーパーなどに含まれる有害物質への意識が高まる。
⑮家族間で身体を触れ合う習慣が生まれて家族関係が良くなる。科学的にもスキンシップで絆ホルモンとも呼ばれるオキシトシンが増えることが判明している。
⑯引き寄せ、願望達成ができるようになる。
⑰やる気が出ない時でも、マントラシンボルを使ってやる気になれる。

⑱遠隔ヒーリングも可能になる。
⑲運動能力が向上する。
⑳味覚が敏感になる。

＊アチューンメント（チャクラ開き）を受ける際の注意点

①リラックスして、
②身体をできるだけ清潔にして、
③時計、メガネ、携帯、腕輪は外す。
④背筋を伸ばして椅子に座る。
⑤目を閉じて胸腺の前で合掌。宗教的な意味ではなく単にエネルギーを集中するためです。
⑥伝授者が息を吹きかけたり身体を触ります。
⑦終了したら伝授者の指示で深呼吸をしてもらいます。

あなたの集中力や努力は一切不要です。

ただ素直な心（赤ちゃん脳）で目を閉じて座っていてくれれば、伝授者が七か所のチャクラを開きます。痛くも痒くもありません。

なかには体が熱くなったり、涙が自然と流れる方もいますが、心にも身体にもまったく無害ですから、ご安心下さい.

※アチューンメント　Attunement= 同調・適合・調和の意味

＊チャクラを開く責任

チャクラを開くのは、あくまで私の個人的見解ですが、伝授者の力の差によって大きく違ってくると感じています。

私はチャクラを五、六名を開くのにそれほどの時間は必要としませんが、終わって帰宅して体重を測ると、アチューンメントを施した後は、毎回、体重は二、三キロほど常に減少しています。まさに、いのちを削って集中力を極限まで高めているのだと思います。

私が七歳にして山岳密教での「得度」を授かったのは、数十年以上の厳しい修行を積み、伝法灌頂《でんぽうかんじょう》を受け、阿闍梨《あじゃり》位《い》の資格を持っている叔父に最終試験の「火渡りの行」に合格した上で得度を授かりました。

それほどまでに人のチャクラを開く（伝授）ことは、重たい責任があると思います。

当協会では残念ながら単独で伝授を許されている伝授者は私、ただ一人です。

無責任に、運も器も、経験もなく、霊的・科学・西洋医学・東洋医学・量子力学などの森羅万象に対しての知識も浅い未熟な人に、私は伝授者を任せることはできません。

私の生きている一番の目的は、実家である、あの世に帰った時にご先祖さま、神仏に褒められたい一心のみですので、一切の妥協はありません。

これが原因で当協会のヒーラーが増えないことも承知の上ですが、絶対に譲れない信条です。

現在、全国で十数名の素晴らしいティチャーが活躍して頂いています。このティチャーの中に数名は将来の伝授者がいると確信していますが、もう少し森羅万象の理《ことわり》、原理、原則を深く学んで素晴らしい伝授者となってくれることを期待しています。

＊伝授者の条件は厳しい

①自利利他の心—自分も喜び相手にも喜んでもらう。
②健幸であること—心身共に健康で本人も幸せである。
③薬・医者にばかり頼らない—西洋薬を飲んで成人病や慢性病を持っているだけで失格。
④経済的に困窮してはならない—願望達成の力があるなら伝授者は当然、経済的にも豊かである。
⑤心身共に実年齢より一〇歳若い—伝授者であれば、当然、宇宙と繋がり活力、生気に満ち溢れて当然。

余談ですが、望月先生もスーパーお若くリッチで幸せ満開の感じです。

※当協会の前記、五箇条の条件は現在七二歳になる私ですが、クリアしていると自負しております。

＊条件をクリアしている証拠

①自利利他・一番目の条件

私は幼い頃、母より私がこの世に生まれた宿命（宿題）は世界中を飛び回り、世のため人のためのお節介をすることと教えられました。その通りにこの歳まで人生を歩いて来たと思います。

さらに兄の教えによると、私の名前「勝盛」の意味は肉の獲物をみんなに分け与える、と教えられました。

日本政府（JETRO）の仕事や宝石専門学校の設立、経営人材コンサルタント、各種福祉団体施設へ二〇歳から寄付行為、全国で無料で開催する年間数十回の健幸セミナー、安全な食品の普及活動、全国で年間二〇〇日以上開催する星と宿命鑑定会、三六年続く東京で毎月開催する共運塾（共に運を上げる勉強会）などを通じて、人生が好転したり、経済的に豊かになる人、難病・ストレス・人間関係・うつ病・パニック障害・登校拒否・イジメ・不妊・無気力・劣等感から解放されたなどと、これまで一〇万人近くの人に出逢い喜んで頂いてきました。

私も何倍も皆さまから元気、勇気を頂き、その上、お陰さまで神様からの宿題をやらせて頂いている充実感に満たされて、倖せな日々を過ごさせていることに毎日、感謝でいっぱいです。

現在も年間、直接、延べ三〇〇〇人以上の方とお目にかかり、いろいろなアドバイスを楽しくさせてもらっています。

そして、さらにメールや電話で一日平均数千人の仲間に森羅万象の原理原則の情報発信をさせて頂いています。一日平均十数件の個人的相談にも、電話やメールで対応させて頂く日々です。

※当協会で会員になられた方は、同様のサービスが受けられる仕組みとなっています。

デビット・ハミルトン著『親切は驚くほど身体にいい』にもありますが、人は他人に親切にしたり、感謝されるとセロトニン・オキシトシンなどの幸せホルモンが分泌され心も身体も健康になることが証明されています。

霊的には「情けは人の為ならず孫の為」とも言えます。

②健幸・二番目の条件

現在七二歳になりますが、一日一食、平均五〇〇〜七〇〇カロリーの摂取で体脂肪、平均六〜八パーセント、心拍数、平均五五回で肩こり、腰痛も人生で一度も体験がなく霊氣を指導するまで一度も大病もなく、薬、医者の世話にもならず（歯科医・眼科医は除く）年間三三〇日近くの国内外の出張にも支障なく、年間平均三万キロ程度は自分で運転して移動しています。

そして家族、仲間、社員、お客さま、霊氣仲間にも恵まれて、事故や災害にも一度も遭うことなく健幸で過ごさせてもらっています。

余談ですが、学生時代はヤンチャをしていて、高校の時はモトクロスの真似ごとを友人として、高さ二五〜三〇メートルの崖からハンドル操作を誤って真っ逆さまに落ちる経験をしましたが、バイクは大破しましたが私は無傷でした。この時、神仏のご加護があることを実感した貴重な体験でした。

その後も、このようなご加護を感じる体験は数多くしました。

スマトラ沖地震の時も私はバンコクに滞在していて、翌日にスリランカに行く予定にしていましたが、なんとなく嫌な予感がして急遽キャンセルして帰国しましたが、予定通り行っていれば私は確実に津波に呑まれたことでしょう。

福島の地震の時も五日前に福島県いわき市に滞在していましたが、地震当日は岡山から三重県松阪市に向かう列車の中でした。

宝石の買い付けで世界中走り回っている時に、危険な場所にも行くことも多く、バンコク・マニラ・ロサンゼルスでは、ピストルを突きつけられた経験もありますが、ご加護のお陰さまで一度も撃たれることもなく、金品を強奪されることもなく難を逃れています。

③薬医者に頼らない・三番目の条件

眼、歯の医者には年間数回お世話になりますが、伝授をするようになって前立腺癌、肺炎、左足の親指の大怪我も経験させられましたが、医者、薬の世話にならず霊氣と自然治癒力で驚異的なスピードで完治しました（肺炎の時は五日間水も飲まずにひたすら寝て霊氣をしました）。

腸内エキスという腸内細菌の餌を私は一〇年間（家族は二〇年以上）、飲んでいますが、それ以外のサプリや健康食品の類は一切口にしません。

以前、私の若い頃からの不摂生が原因で、虫歯を抜歯した時も痛み止めを渡されましたが飲んでいません。

※鎮痛剤は全身の血管を収縮させて心筋梗塞・脳梗塞・冷え症・認知症など万病の原因となる怖い薬です。皆さんも安易に鎮痛剤を絶対に飲まないようにして下さいね。

④経済的に困窮しない・四番目の条件

大金持ちではありませんが、経済的に困窮したことはありません。

父が早くから脳梗塞で寝たきりになり、幼い頃から兄弟四人で逞しく生き抜く才覚という力を母が躾けてくれたお陰です。

母のスーパーユニークな子育て、そして三人の兄たちのユニークさについて紹介すると一冊の本でも足りないほどの話になってしまいますが、少しだけ紹介させて頂きます。

四、五歳くらいから自分の小遣いは自分で稼ぐということを母に教えられました。兄たちと海へ出かけてアサリを採って木箱に一杯にして紐をつけて、ゴロゴロと引いて、帰宅途中に一軒一軒家を訪ねて、それを売り捌いて小遣いを稼ぐようなことをしていました。

一九歳でシチズン時計の宝飾部に入社しましたが、入社面接の時に担当官（今でもお世話になっている恩人である元部長さん）に、「私は三五歳で退社させて頂きます」と宣言して約束通り入社しました。

その時の母からの言葉は「営業するならシチズンで三年で売上は一番になれ！」という言葉でした。三人の兄たちも一部上場会社でその命令を達成しており、私も無我夢中で達成することができ、約束通り三五歳でシチズンを卒業させてもらうまで一番は譲ることなく貫徹しました。

お金もなく独立してコンサルタント・宝飾品の輸入卸として稼働しましたが、初年度のボーナスは社員（五名）全員に封筒が立つ金額を渡すことができました。そして大阪に友人と共にジャパン・ジュエリー・ビジネススクールを業界の有志の皆さんからのご支援を頂き、設立することもできました。

バブル期には一日の売上が一億円を突破することもあり、恥ずかしながら長者番付に名前が出ることもありました。

実は、私はサラリーマン時代に既に給与よりも多くお金は稼いでいました。これも母の厳しい命令のお陰です。

大学に行く時も「大学は自分の力で行くこと」の一言で一円も経済的援助はなく、特待生として大学に入学しましたが、バイトができない学部ですぐに退学して働くことになりましたが、給与をもらうようになったら「給与の半分は親に入れなさい」との一言。上の兄たちもそうしていた以上、従うしかありません。

当時の初任給は手取りで四五〇〇〇円位でしたが、大いに知恵を絞って半分の金額で生活して預金もできるようになりました。

株や金相場などの取引をして、会社の仕事の支障にならないように金儲けをしました。伊勢湾台風で割烹旅館をやっていた実家が隣のビルの崩壊で大破して旅館を廃業した結果、税金を滞納し、差押えられていた実家を二五歳で買い戻して、三〇歳の時に一階を母の住まいとし、二階をアパートとして建て、その収入も入ってくる仕組みを作りました。

このような若い時からの積み重ねもあり、不動産・金取引、債券・株取引と長年やってきたお陰で、私が眠っていてもお金が入ってくるようになりました。

母の真実の教え「優しさが故の厳しさ」を本当にありがたく感謝です。

ユダヤの格言にも「飢えた人に魚を与えてはならない、釣りを教えよ」というのがあります。「親」という字は「立・木・見」であり、木の上から子を見守るということで、手伝えとは書いていません。

ある意味、私は「金儲けコンサルタント」でもあります。

当協会のヒーラー仲間に聞かれれば、節税法から株式投資まで様々なお金儲けに関わる相談にものっています。

⑤心身共に十歳若く！　五番目の条件

肉体的に問題はありませんが、容姿的には髪の毛が滅びゆく草原となり若干、自信はありませんが、肌についてはスーパー若いと自他共に認めてもらっています。

肉体的には、片手でも親指だけでも腕立て伏せができる七二歳はあまりいないと思いますし、ハートは七歳と思っていますから、この条件もクリアとさせて頂きます。

三　チャクラ開き直前の感想

伝授されている時に、これまでの人生の出来事が走馬灯のように思い出されて、感謝の思いが溢れてきて、気がついたら涙が溢れてしまっていた。

体が熱くなってきて心も温かく満たされた気分になって自然に涙が流れてきた。今まで感じたことのない不思議な体験でした。——香川県　六〇代　主婦

日頃から低体温で悩んでいたのに、だんだん体が熱くなって冬の最中なのに汗が滲んできて驚いた。帰宅して検温したら体温が今まで三五・六度だったのに三六・四度に上昇に、また、びっくりでした。——山口県　四〇代女性　販売員

目を閉じてチャクラを開いてもらって、目を開けた途端に視力が上がったかと思うほどに視界がクリアになって、目も大きくなって、体も軽くなってびっくり。――東京都　三〇代男性　会社員

開いてもらって立ち上がったら、長年の酷かった肩こりも腰痛も、消えていて魔法にかかったみたいで言葉を失った。――福岡県　五〇代女性　看護師

チャクラを開いてもらった最中から、腸が活発に動き始めて恥ずかしいやら、びっくりやらで初めての体験でした。その後、酷かった便秘も劇的に改善しました。――福島県　四〇代女性　教師

五三歳の時に筋萎縮性側索硬化症（ＡＬＳ）となり、歩行も立つことも困難だった私が、チャクラを開いてもらって、長先生に「立って」と言われて、思わず反射的に立ったら立てたことに言葉を失った

帰りには誰の手も借りずに二年ぶりに自分の足で帰れた。

感謝と驚きで涙が止まらなかった。――愛知県　五〇代男性　会社役員

脳梗塞で半身不随となり入院していたが家族の勧めで、半信半疑で病院を抜け出して受講

した。チャクラを開いて長先生が身体を二、三分触られて「動いてみて」と言われて自然に動いたら、動かなかった左足も左手もぎこちないながら動いて奇跡かと驚いた。

今では病気になる以前とほぼ変わらない生活ができている.

現在では、祖母はじめ一族全員が長先生にチャクラを開いてもらって全員が霊氣ヒーラーです。——香川県　七〇代男性

生理が半年間止まって困っていたのに、チャクラを開いてもらって三〇分後に生理が来てびっくり！——広島県　二〇代女性　デザイナー

この章の締めくくりとして、レイキにより期待できる効果を四つの分野に分けて箇条書ふうにまとめました。

1肉体面

—免疫力、自然治癒力が高まった。疲労回復が早くなった。夏バテをしなくなった。

—心身ともに深くリラックスできるようになった。

—体温が上がり、血行が良くなった。

—睡眠時間が短くて済むようになった。朝晩の寝起き、寝つきが良くなった。

—身体のバランス、骨格のバランスが良くなった。

—身体が楽になり、体の動きが素早く、軽くなった。若々しく、スリムになった（適正な体重になった）。

2人生の在り方

―今、行なっているヒーリングとの相乗効果が出た（鍼灸、指圧、マッサージ、柔道整復、カイロ、整体、リフレクソロジー、アロマ、催眠、心理療法など）。

―直感力が鋭くなった。集中力が高まった。

―発想がユニークになり、問題解決力が強まった。

―判断がスピーディーかつ的確になり、実践力がついてきた。

―瞑想が短時間で深く体験できるようになった。

―今まで気づきにくかった点も繊細になり、わかるようになった。

―芸術性が高まった。波動に敏感になった。

―ビジネスが著しく好転した。

3精神面

―氣が充実してきた（やる気、勇気、根気が出てきた。気力が溢れてきた）。

―優しい心、ゆとりある心になった。

―不安や悩みに対する強さが生まれた。

―頭の疲れが取れ、自由な心、とらわれない心になり、物事がスムーズに運ぶようになった。

―特に家族関係がよくなり、多くの人に優しくなれるようになった。

―恐怖心が少なくなり、行動力がついた。

―自律神経が安定してきた。

―自信がついてきた。コンプレックスがなくなった。

—物事のとらえ方がポジティブになり、必要以上に悩まなくなった。

４潜在能力

—感動する心、感謝する心が自然に生まれてくるようになった。
—感性が研ぎ澄まされるようになってきた。内なる声やイメージに敏感になった。
—円滑現象（物事を自然にスムーズ進むこと）が頻繁に起こるようになった。
—人生に起こることが自然に受け入れられるようになった。
—物事を全体的に見ることができ（視野が広がり）先見力がついてきた。
—家族や友人、ヒーリー（レイキの受け手）との一体感を覚えるようになった。
—すべての面で余裕が生まれてきた。従来の自分の殻を破り、新しい自分になれた。
—運がよくなった。世界観、人生観が変わった。

第三章　シンボル・マントラ

＊マントラとは、シンボルとは

マントラとは真言密教でいう「真言」（言霊）は、科学的に表現すれば音の波動・周波数ともいえます。

サンスクリット語では「マン」は言葉、「トラ」は道具ともいわれてます。余談ですが、ユダヤの言葉では「トラ」は聖典巻物を表すともいわれています。そこから「トラの巻」の言葉が生まれたそうです。

シンボルとは真言密教では「印・九字」（形霊）、科学的には形としての波動・周波数といえます。

マントラ・シンボルはチャクラを開いたヒーラーにとっては、ヒーリングの力をアップしてくれるターボエンジンのようなものです。

＊マントラ・シンボルの使い方と効果

①利き手の人差し指と中指を伸ばして（全てが陰陽であり、二本の指で）行なう。

②ピンクのオーラをイメージします（イメージ自体が創造エネルギーですからイメージすることによって、ミトコンドリアを活性化する作用があります）。

③対象物・空間・イメージに向けて行なう。

④三回ずつシンボル・マントラを同時に行なう。

⑤人体に向けてやる時は身体全体に行なったり、特に酷い肩こりなどは、全身に行なった後、肩にもう一度やることも有効です。

⑥手のひらにシンボルを描いて息を吹きかけて拡散しても有効です。

⑦鏡を使って自分自身にシンボルを描いても有効です。

⑧一番大切なことは、あまり細部まで気にせずにやることです。

※シンボルを描くことを「切る」といいます。「九字を切る」

一　第一シンボル・マントラ―感謝・パワーシンボル

※【注】―チャクラを開いて試験に合格したヒーラーしか使えません。無資格者が使っても図形としてしか作用しませんので、悪しからず。

チョクレイ（マントラ）―超空靈。

エネルギーアップと感謝浄化。

地球を表し、左回転の渦巻きはエネルギーと地球の自転を表す。

横線は時、縦線は空間、交わる点が意識の核ともいわれ、不動明王を表すともいわれています。

＊効用

目に見えるもの（宇宙に存在するわずか四パーセントのもの）や、物理的エネルギーに強く働きかける「パワーアップ効果」ともいえます。

人体・動植物・生きているもの全て・食品・機械・教科書・契約書・お金・車・水・薬・家・携帯電話・パソコン・道具などなどに感謝の念を持って、どんどんシンボル・マントラを大いに使ってくださいね。プラス効果はあるけど、やり過ぎてもマイナス効果は全くありませんからご安心ください。

さらにエネルギーを浄化する力もあります。

壊れた家電やドライヤー、固まってしまった携帯電話が復活したり、エンストした車が動いたり、花が通常の二倍も元気に枯れずにいたり、死にかけていたメダカが復活したりと、全国のヒーラー仲間からの報告はキリがないほど寄せられます。

私の場合は全国歩いているとやたらと、野良猫、野良犬、赤ちゃんが寄ってきます。そして触って上げると、嬉しそうにしばらく私から離れません。きっとエネルギーを貰って癒さ

チョクレイ

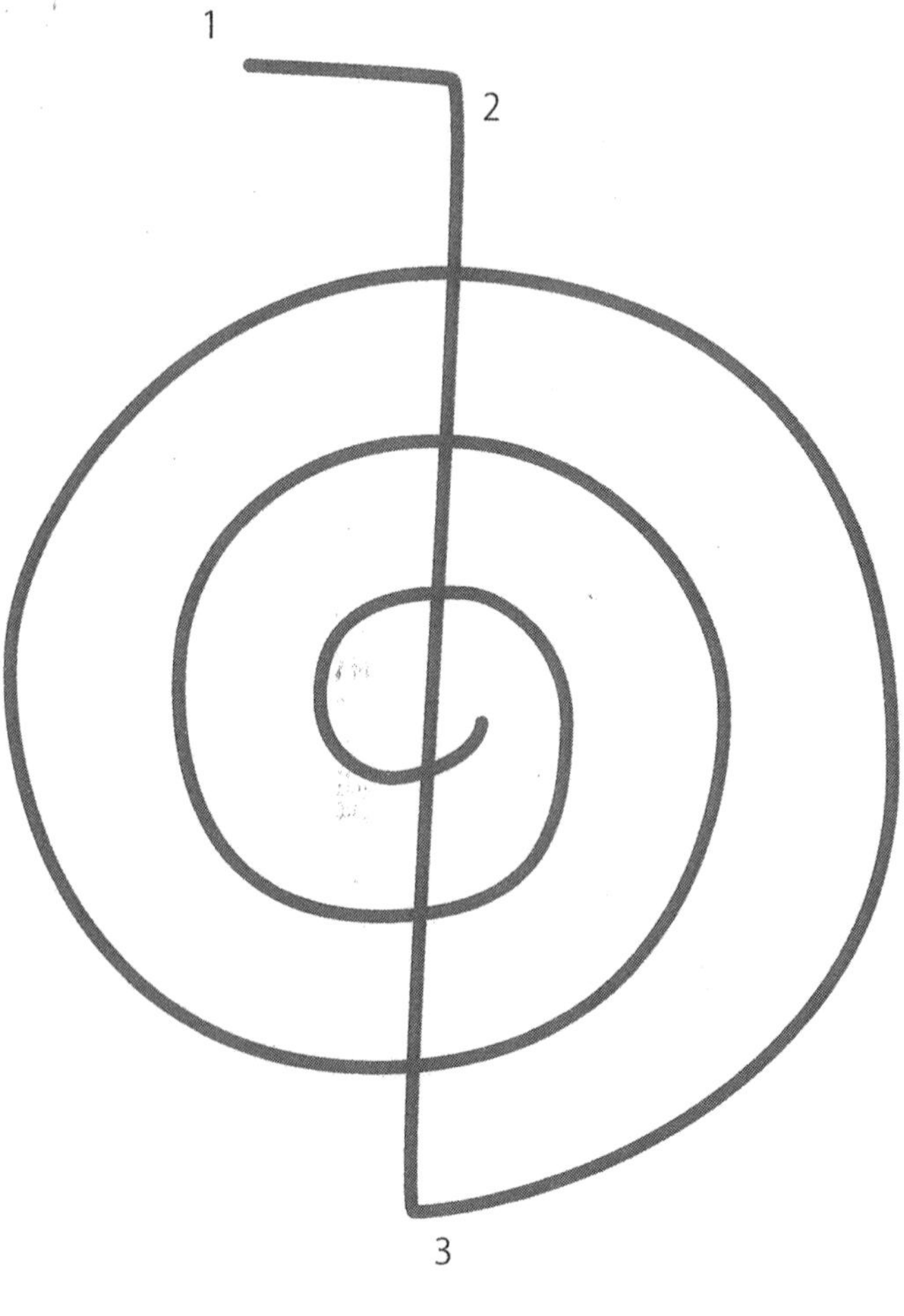

れに寄ってくるんだと思います。

※昔の人は、赤ちゃんが泣く男、犬が吠える男とは付き合うな、本性を見破られている証拠だからと……。犬や無邪気な赤ちゃんには邪気が増えてしまった大人に見えない靈や氣が見えますからね。

これもエネルギーアップして浄化するシンボル・マントラのなせる技です。

私もよくやりますが、ホテルの水道水がカルキ臭い時などに、これをやると一瞬でカルキ臭さが消えて美味しい水に変化します。

また漂白剤で汚染されているティシュペーパーや、トイレットペーパーの化学物質を除去できます。Oリングテストをすると明らかな違いがわかります。

さらに身体に毒しか入ってこないインスタントラーメンなども、これをやると、まずくて食べられなくなります。なぜなら添加物、合成調味料、合成甘味料、防腐剤などの化学物質が浄化されてまずくなるからです。

皆さんも一度、コンビニで売っている烏龍茶を買ってきて試してください。シンボル・マントラを使うと苦くって飲めなくなりますから。

ワインもぜひ試してください。安い若いワインが熟成したワインに変身します。

ビールやシャンパン、日本酒にはあまりお勧めできません。気が抜けて美味しくなくなりますから。

私の場合は遺伝子組み換え食品や農薬の恐ろしさや、加工食品の問題などいろいろ専門家並みに勉強していますが、出張（年間平均三三〇日）ばかりで一年中、外食です。何を食べているか本当に考えると怖いのが、この国の食品事情です。でも私はこのチョクレイを使うことで安心して外食も、たまにはコンビニ食も食べることができています。

チョクレイは現代の劣悪な日本の食品事情、生活様式を考えたら、自分自身、ご家族を守る最強の武器だと思います。もちろん消費者が学び知識を持つことが大切ですが……。
※これらのパワーはヒーラー試験に合格したその日から普通にできますからね。

二　第二シンボル・マントラ（セイヘキ・聖壁）

＊効用
『調和（ハーモニー）愛』のパワーといえます。

目に見えないエネルギーに働きかけるシンボル・マントラです。

密教ではキリーク（子年や千手観音、阿弥陀如来を表す）、煩悩や苦しみから解放されるパワー・月を表すともいわれる。

＊主な対象
心・場・空気・人の気・天気などなど。

自分本来の性質を取り戻して、精神的抑圧から解放されて、まるで人格が変わったように明るく元気に、素直な人に変わる人もいます。

私の場合は自分にやる気が出ない、イライラする時などに自分自身に向けて、このシンボ

セイヘキ

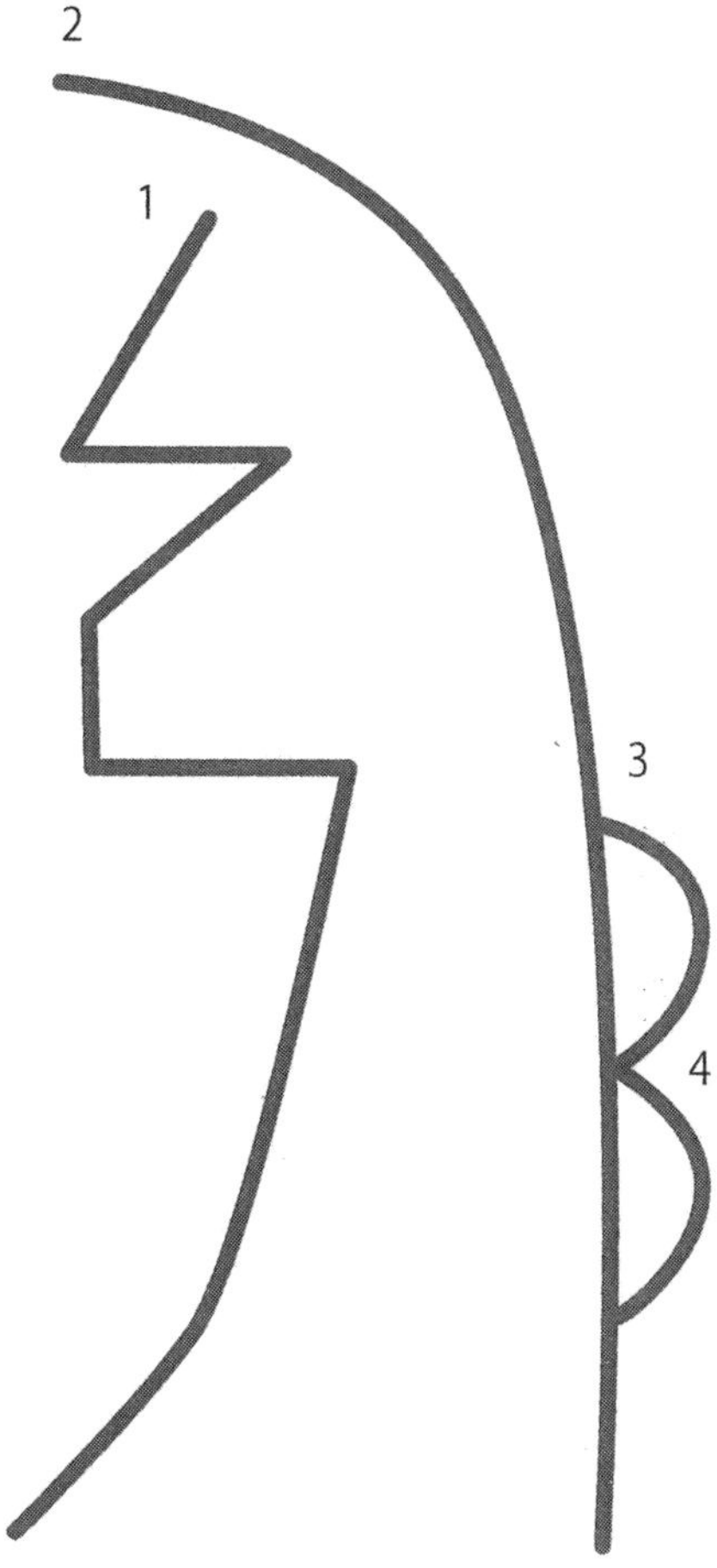

ル・マントラを使ったり、宿泊のホテルの何となく嫌な気がある時や、講演会、展示会などの場所の気を高めるため（私に会いに来てくれる皆さんが、長先生がいらっしゃるだけで空気が違うなんて言われますが、このお陰です）や、人から場から、邪気を受けた時に使います。
また人の鑑定をする時に、登校拒否のお子さんやうつ病、発達障害、ＡＤＨＤ（注意欠陥・多動障害）と勝手に医者に病名を付けられた人にも使います。

＊ヒーラー仲間からの声

―暴言を吐いて、いつも怒ってばかりいる主人を寝ている時にひと月近く、このシンボル・マントラを使ってみたら、暴言やイライラも収まり、穏やかな主人になった。

―精神病院に勤める看護師さんからは、誰の言うことも聞かない自虐的、攻撃的な患者さんが、このヒーラーの看護師さんからの指示には素直に従って、院長や周りのスタッフは驚かれた。

―無駄吠えばかりする犬に一週間ほど、このシンボル・マントラを犬に使ったら、何と無駄吠えが治った。

―ある私立高校の三〇歳代の女性教師が学年でいちばん素行の悪いクラスの担任になり、毎日、クラス全体に、誰にもわからないように、このシンボル・マントラを使ってみたら、学校でいちばん良いクラスになった。

この話が校長、理事長の耳に入り、私はここの生徒、父兄に講演を頼まれました。

これらここに書き切れないほどの報告を全国から頂戴しています。

現代社会は人類史上、最も心に問題を抱えている人が多い世の中になってしまいました。

こんな時代だからこそ、靈氣の力が必要なのです。

三　第三シンボル・マントラ

＊マントラ：ホンシャゼショウネン

本者是正念（真理・真理・真理と真理の意味が三つ）
このシンボル・マントラは、時間・空間を超えてエネルギーを活用できる、量子力学的に言えば、ワームホール（ドラえもんのどこでもドア）やタイムマシンと言えます。
健幸の根本は正念（正しい想念にあり）、本物の霊止（人）にある。昔は霊止でヒトと読んだ。弥勒菩薩・太陽を表すといわれる。

＊効用

遠隔・願望達成・過去のトラウマ。未来の自分・他人・引き寄せ。・
遠く離れた人にも動植物、モノにエネルギーを送ることができる万能のシンボル・マントラです。
さらには、自分自身の深層部にある真我（誠の魂）にも作用することができるパワーある

ホンシャゼショウネン

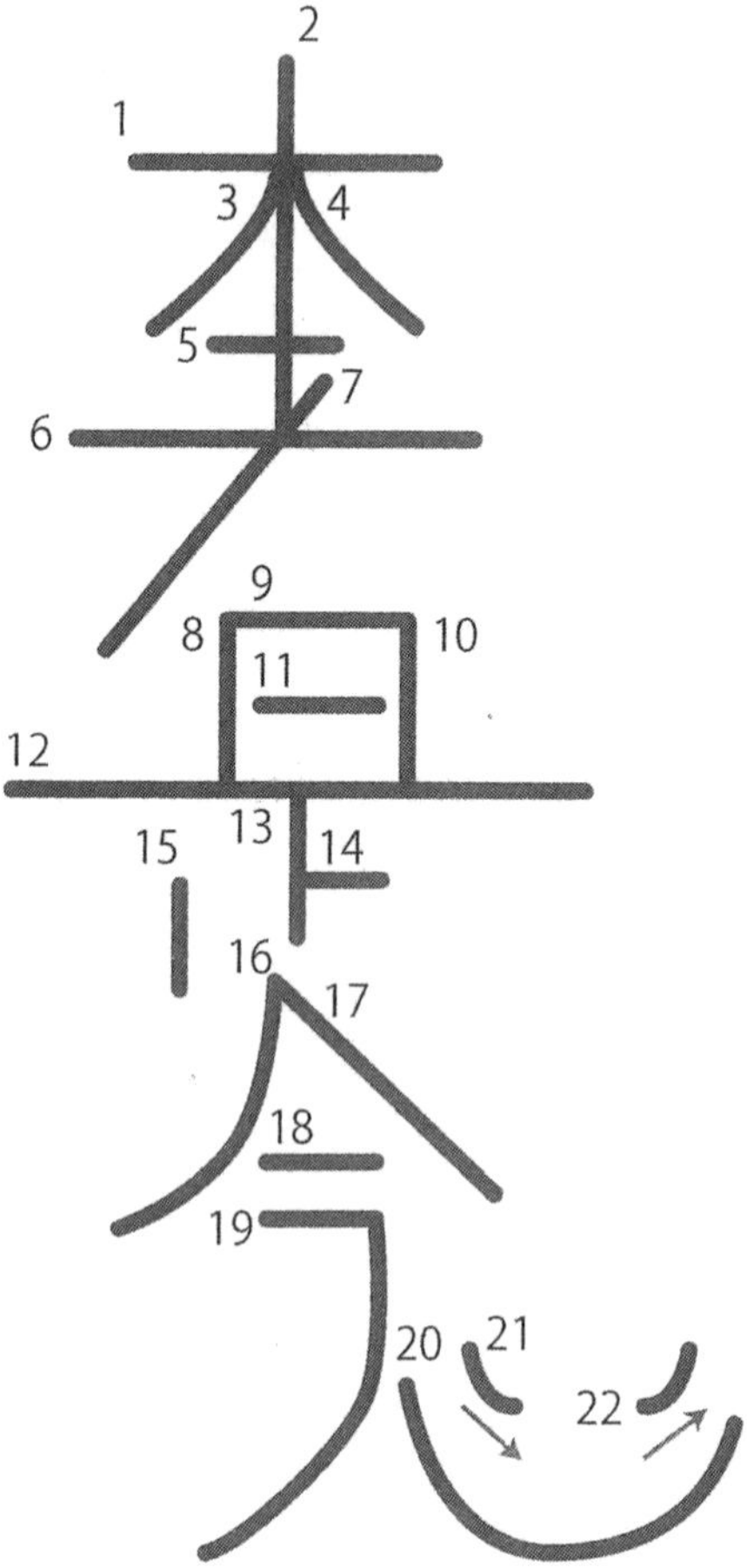

エネルギーです。

＊ヒーラー仲間からの声

—飼い犬がひと月近く原因不明の病で目が閉じて開かなくなり、医者もお手上げで、長先生に遠隔ヒーリングを送ってもらったら、なんと直ぐに目がパッチリ！　信じられないほどの速攻効果!!

—理想の家を持つことができました。

—希望した通りの社員を雇うことができた。

—売上がなんとひと月で倍になり、地区でトップの保険代理店になれた。

—友達の結婚式の雨の予報をお天気にすることができた。

—理想通りの人と出逢い結婚できました。

—生理痛が酷くって、立てないほどの時にお母さんが遠隔してくれて、霊氣なんて信じてもなかったけど、凄すぎる体験をして私も今では霊氣ヒーラーです。

などなどです。

私自身の忘れられない遠隔は、桑名の会ったこともない、少年の心肺停止からの復活を社員と共に六名でやれたこと。

そして久留米市の会ったこともない女子中学生の交通事故で医者の翌朝、左足切断の宣告から、ヒーラー仲間八〇〇人の遠隔で左足の親指だけで防げたこと。

二〇一九年の台風一九号のコースを、霊氣仲間一〇〇〇人でコースを変えられたことなどは記憶に鮮明な嬉しい遠隔です。

四　第四シンボル・マントラ

これは一般的に「マスターシンボル・マントラ」とも呼ばれ、高次元の量子力学ではゼロ・ポイント・フィールド（量子場）ともいいます。スピリチュアル系の人はアカシック・レコードとか、ハイヤー・セルフ・超自我などと呼んでいます。

私的には道教でいうところの「太一神」が表す、宇宙の根源と始まりのシンボルとも言えるのではないかと考えています。

伊勢神宮の式年遷宮の際に御神木を運ぶ船には、太一と書かれた旗が五色の旗と共に使われます。

太一とは、荘子の本の中に「太一は万有を包合する天道で、天地創造の混沌たる元氣を言う」とあり、天之尊神、北極星を天帝と表して、荘子の太一陰陽五行の思想となりました。そこから、天照大神、大日如来そして天皇大帝を、天皇を表現するものとして、伊勢神宮を象徴するものとして延々と継承されています。

付け加えるなら道教の書、准南子の中に、天上界において太一神の住む宮殿を紫微宮《しびえん》と呼び、宇宙創造の神として太一神と呼んだ、とあります。

中国の明清朝時代の王宮を紫禁城《しきんじょう》と呼んだ名前の由来も、ここから来ています。

さらには女性の子宮の由来も、天皇が住む一番の尊い根源を表す呼び名です。

そして孔子、孟子、小野妹子などの名前は、孔家の長男、孟家の長男、小野妹家の長男を表します。

「子」とは干支の一番目、ネズミを表すことから長男に子を付ける慣わしが古代にはありました。

他のレイキ団体と違って私の協会では「第四のシンボル・マントラ」はティチャー（師範・指導者）の試験に合格した人のみにしか伝授しておりません。

経験を積んで、当協会独自の厳しい条件をクリアしたヒーラーのみにしか伝授されません。

臼井先生は知るところによると、二〇〇〇名近くの弟子の中で生涯、一九人か二一人？にしか師範の資格を与えられておられません。

高田ハワヨ先生も生涯、二二人にしかマスター資格は与えられなかったということです。

現在二〇〇〇名弱の、当協会のヒーラーでも一〇名程度がティチャー資格を有していますが、これまで当協会の理念と反する人や、私利私欲だけで利他の心のないティチャーは数名、当協会から除籍させてもらいました。

＊当協会が簡単にティチャー資格を与えない理由

知行一致という言葉がありますが、人のチャクラを開ける人、指導する立場になった以上は、それなりの人格・教養・知識・孝徳の実績が必要だと僭越ながら真言密教を学び、人生を経験してきた結果、非常に責任があることだと思っています。

例えばあなたは、ダイエット商材を販売している人が、すごく太っていたら、そのダイエット商材を信じますか？

瘦身をアピールしているエステシャンが丸々太っていたら……？

車の免許書を持ってないカーセールスマンを……？

魚が嫌いで名前を知らない寿司職人を……？

抗がん剤は毒だ！　使ってはいけないという本を出版した医者が、自分が癌になって、抗がん剤を使ったら……？

健康・幸せ・心の安心立命・願望達成・引き寄せなどを教えるレイキティチャーが不健康で不幸で精神的にも安定せず、経済的にも苦しんでいるとしたら、あなたは本気でその人にアチューンメントをして欲しいでしょうか？

当協会では、チャクラを調律することができるティチャーには、それくらいの責任を持ってヒーラーのサポートをやってくれることを要求しています。それが受講して頂く生徒さんへの最低限の責任だと私は思っています。

さらに、伝授者（神秘伝・グランドマスター）の条件は格段と厳しく、未だ私しかいません。その条件をパスした人のみに密教秘伝の真言と印を伝授することになっています。

今のところは、全国のティチャーの中から数名が私の心の内では候補に挙げています。

まだまだ当協会は発展途上ではありますが、むやみにヒーラーを増やすことに目を奪われずに、臼井先生を見習い、真の本物のヒーラーを育成したいと牛歩ではありますが、千里の道も一歩から、頑張りたいと思って日々、精進を重ねています。
※但し人格とは、人の世でいう人格ではなく、あの世での人格をいいます。
※この世での評価は？
自分に都合のいい人、同じ意見の人、結局は自分の我欲から見た評価に過ぎません。だから自分だけを愛してくれる時は好きになり、その人が他の人に心を奪われたら、途端に般若になる。お釈迦様のいわれる「愛憎表裏」となる。慈愛とは程遠いものである。
※あの世での評価は？
あの世には肉体も魂も持っていけない。持っていけるのは思い出（想念）だけで、名誉もお金も意味はない。どれだけ多くの人を救ったかしか、何も評価されない。私はあの世の評価がすべてと思って生きている。

第四章　二人の叔父から受けた私の生き方

長正志（仮名）は母の弟であり、原田勧心は父の弟である。この二人の因縁は奇縁でもある。母から聞いた話ですが、原田勧心は生まれつき寺の息子で宗教や霊的な感性が高く、四国高知県の田舎で行者として二〇代まで暮らしていたが、博多に仕事で母の経営する割烹旅館で長期滞在していた兄、原田春巳（私の父）が母と結ばれたことで、勧心は私の父、春巳を頼って博多の私の実家の近所に引っ越してきた。

ここで道場を開き、四国の霊場や福岡の篠栗霊場で修行を重ねて、たくさんの弟子を教える修験者として九州では有名な山岳密教の行者として活躍していた。

その後、母から聞いた話では、この勧心叔父が長家の四人の男兄弟の中から、私が選ばれて修験者の道に進むことになったそうだ。

話を戻すと、同時期、正志叔父は同盟通信福岡支局の辣腕記者として海外を飛び回り、神や行者などとは無縁の唯物論者として、論理的、合理的、科学的な生き方をしており、私の母、勧心叔父とは対極の考え生き方であった。

その叔父がある悲劇的事件により激変することになる！

それは私と同じ歳の正志叔父の待望の長男誕生により事件は起こる。

寵愛の長男の一歳の誕生祝いの、親戚一同が会する祝いの席でその事件は起きた！

招かれていた勧心叔父が、突然、

「正志さん！　言い難いが残念ながら来年の誕生日にはこの息子は、この世にいない！」と発言した。

母もその場に居た親戚一同も唖然！

正志叔父は顔面蒼白となり、

「お前はこのめでたい席で何を言い出す！　無礼にも程がある！　インチキ行者め」

と、一瞬にしてお祝いの席は、修羅場と化してしまった。

その場をなだめようと、勧心叔父の弟子でもある母が、

『勧心さん！　こんな席で、そんなことを言えば誰でも怒るに決まっているでしょう。訳を説明しなさい」

と姉として一喝したらしい。

修験者として修行に明け暮れて世間を知らず、空気も読めない勧心叔父も深々と謝罪をしたが、そのあとの一言に、またまたその場は凍りついた。

「正志さん、私を信じなくてもいいから、この子を助けたいと父として思うなら、悪いことは言わないから、この家の床を剥いで床下の土を掘りなさい。錆びた古刀があるから、それ

がこの家の長男が育つことを妨げているから」

当然、唯物論者の正志叔父はさらに激怒！

「ふざけるな！　とっととこの家から出て行け」

となったらしい。

しかし話はこれで終わらなかった、この騒動から半年後のこと、なんと勧心叔父の予言通り、正志叔父の長男が突然高熱を出して、あえなく天国へ旅立ってしまう。

意気消沈、落胆、悲観する正志叔父に母が四九日法要を終わらせたあと、正志叔父に、「あんたも辛いでしょうが、私は勧心の言ったことが嘘とは思えない、騙されたと思って床下を掘ってみなさい」

と諭した結果、正志叔父もなす術なく、床下を掘ることにした。

掘ってみたら、なんと勧心叔父の言った通り、平安時代の錆びた古刀が掘り出されたのである。

大いに自分の不信心、偏狭さを悔やみ反省した正志叔父、あれほど馬鹿にして忌み嫌っていた勧心叔父の下に行き、土下座して、同盟通信も全てを投げ打って勧心叔父に弟子入りをすることになった。正志叔父と私は結果的に兄弟弟子になったわけである。

そして修行を積み東京へ旅立ち、象学（全ての森羅万象の原理原則）を完成させて、時の政治家・実業界・芸能人・スポーツ選手のメンター（良き指導者）としての地位を確立させた。

また、同じように唯物論であった資生堂営業ナンバー1と自他ともに認められてバリバリ活躍していた、正博兄も、東京転勤で挨拶に訪れた時、開口一番、正志叔父により「君は無知論者であり無神論者ではない」の一言で正志叔父の弟子になり、十数年後、役員候補になりながら、資生堂を退社して「無為庵」を創生して正志叔父の後継者として後世の育成に尽くしている。

余談であるが、私自身も勧心叔父に命を助けられたらしい。

それはまだ叔父の下で巫女としての修行をしていた四歳くらいの時に、博多の愛宕山という場所で修行が終わった後、茶店で休んでいる時に起こった。

母や数名のお弟子さんがお茶を楽しんでいる時に、みんなが、まったく気がつかない間に、私が走り去って崖の方に向かって行ったらしい。

それを見ていた茶店のおばさんが、私の顔付きや目が尋常じゃないと気がついて、必死に走って私が崖に飛び込む寸前に抱き止めてくれたそうだ。

母たちはその後、お茶屋のおばさんに事の顛末を聞いても笑って「この子は落ち着きがないもんで、ご迷惑をお掛けしました」程度であったらしい。

そして帰宅したところ、数分もせずに勧心叔父が血相を変えて駆け込んでくるなり「ダイ姉さん（母の名前）今日、愛宕山で勝盛に何かあったでしょう?」と母に言い放った。

母は「別に何にもなかったよ」と答えたらしい。

叔父は「御神前で行をしていたら勝盛が餓鬼に遊び相手に呼ばれているのが見えて、九字を切って、追い払った！　危うく勝盛は命を落とすところでしたよ！　姉さんは修行していて現場に居たのに、それに気がつかないとは！」

と叱られてしまったと、母に聞かされた。

私は餓鬼《がき》に遊び相手として呼ばれたらしい。

一　私のポリシーは、私ができないことは人に言わない

＊人の健康は腸で決まる！
私は若い頃は一日二食、現在は一日一食を習慣にしています。

そんな訳で当協会のヒーラーの中でも、徐々に一日一食を習慣にして健康な体を取り戻して引き締まった身体になる人が増加中です。

さらに肉食をやめて「まごわやさしいこ」の縄文食・和食に転換する人も増えています。

＊漢字を読み解けば健康の秘訣はわかる。
「食」↓人に良い。

「癌」↓食品を山ほど食べれば癌になる。

「胃」↓月（肉月）肉はやめて田んぼのものを食べる。

「腸」↓肉はやめて（易者）君の人生は腸が未来を決める。

「五臓六腑」↓五臓は心臓・腎臓・肝臓など主に血を表す。六腑は主に消化器系を表す。

「腑」↓肉を食べると腸は腐る。「府＋肉＝腐る」

日本人の腸は肉食の欧米人や、荒野の民とは違って長く作られている。

肉は一番腐りやすく、長い腸内では、最初に腐る食材であり、腐るとメタンガスを発生して腸管の壁に穴を開けて、リーキーガット症候群（腸漏れ）を起こし、血や細胞を汚して癌の原因、万病のもとにもなるといわれています。

その証拠にうつ病、癌、認知症、ヒステリー症、難病、奇病の人は便秘や下痢が多く、内視鏡で腸管を覗くと、宿便のせいで黒く汚れています。

NHK特集のお陰で腸内フローラという言葉が有名になり、いかに腸内細菌が大切な細菌かが、世間でも認知されてきましたが、先人はとっくの昔に「あいつは腹が黒い」と看破していました。

山の民である日本人は穀物、根菜類、木の実、菌類、海藻などを食べるように腸が長くなっています。大豆を食べて腸内で発酵食品に変えてくれるようにできています。

日本人の腸は世界的にもユニークな作りであり、科学的にも特殊なヒトゲノムを日本人だけが持っていることも判明しています。生き物は、その土地に合った身体へと変化するものです。

『土産土法』（その土地のものを郷土料理で食べること）を先人は私たちに教えてくれていますね。

日本食が世界中で大人気なのも、「マクガバン報告書」でも判明しているように、古来の日本食が人間の健康に最適な食べ物であることが、科学的にも判明したからです。

＊便で心身の状態はわかる。

毎日の快便は健康のバロメーターですが、便の正体を知っている人は少なく残念なことです。

昔の人は「ウンコ神様」とさえ呼んで、意識して便を観察していたのに、現代では汚いモノ扱いで不当な評価を受けています。

ちなみに、便は食べ物のカスにあらず、九五パーセントは腸内細菌と、腸管細胞粘膜の死骸です。なんと、食べかすは五パーセントにしか過ぎません。だから便の大きな人は腸が活発に働いてくれている証拠です。

うつ病、自殺者の数は便の大きさと相関関係ということが近年の研究でわかりました。

戦前の日本の成人男性の平均は五〇〇グラム、現在は二〇〇グラム前後といわれています。

現在、世界一大きなウンチをするメキシコ人は世界一、自殺やうつ病が少なく、日本、米国など先進国は小さなウンチをして、心身共におかしくなってしまっています。

＊腸内細菌が喜ぶ和食中心へ

戦前の日本人の食生活は和食中心の食生活で、食物繊維や発酵食品を多く摂取していたお陰で、便の大きさは平均四〇〇～五〇〇グラムあったそうです。

しかし戦後の日本人は米国の戦略に乗せられて、欧米食、外食、コンビニ食、加工食品、質の悪い学校給食によって、腸内細菌が劣化して一五〇～二〇〇グラムの便となり、うつ病、自殺が氾濫する異常な国となってしまいました。

ヒトゲノムの研究でも解明されたように、日本人だけが世界中で独特の特殊なヒトゲノムを持った人種であるといわれています。

森と水に世界一恵まれた「瑞穂の国」に生まれた山の民が、縄文人です。

生物は生まれた土地、環境に適応して生存するのは当然のサバイバル法です。だから先人が言った「土産土法」は生物の核心をついた言葉です。

だからこそ、「まごわやさしいこ」の縄文食が日本人の体質、腸内細菌には最適な食生活と言えます（ま豆類、ご胡麻類、わ海藻類、や温野菜類、さ魚類、し菌類、い芋類、こ穀物類）。

＊身体に優しい少食の勧め（医学博士　藤田紘一郎著『脳はバカ、腸はかしこい』抜粋）
昔は、腸は第二の脳などと科学者も言っていましたが、近年の研究では腸が第一の脳であったようです。初期の地球の生物は腸だけで生存していました。

わずか五億年ほど前に、さらに腸を有効活用するために、脳や他の臓器が誕生したと言われています。

「腸脳相関関係」と医学的にも言われていますが、この二つの臓器は常に情報交換をして働いています。

以前、ＮＨＫの特集で腸内フローラの番組を放映していましたが、その時に、弱気のネズミと強気のネズミの実験をやっていて驚きました。

それは弱気のネズミに、強気のネズミの便を希釈して腸内に入れると、強気のネズミに変身して、逆に弱気のネズミの便を強気のネズミへ移植すると、強気のネズミはなんと！　弱気のネズミへ変身してしまいました。

勇気があり、ポジティブな人の腸内細菌と、弱気でネガティブな人の腸内細菌はまったく違うこともわかっています。

欧米では、うつ病の治療にポジティブな人の腸内細菌を、ネガティブな人の腸内に移植する治療法も行なわれています。

さらに痩せ菌の多い人の腸内細菌を、太りやすい体質の人の腸内へ移植するダイエット法もセレブには人気となっているようです。

実際に幸せホルモンと呼ばれる「セロトニン」も脳では、二、三パーセントしか作られておらず、腸で九〇パーセント近く作られているわけですから、うつ病の人には腸内細菌を改善する治療が正解ですね。

＊健康の要は少食

私自身、商売家の事情もあり、子供の頃から朝食は摂らずに一日二食が習慣となっていましたが、社会人になり、全国を飛び回る営業マンであったこともあり、なかなかキチンと昼食を摂る時間もなく、なんとなく一日一・五食みたいな食習慣となってしまいました。

いろいろ健康について学んだ結果、四、五年前から一日一食（平均五〇〇〜七〇〇カロリー）に変えました。

時間もお金も節約になり、体も軽く（五年前体重五八キロ・現在五三キロ）快便で身体も以前は年に二、三回引いていた風邪も無縁となり、さらに身体は快調になりました。

昔からの教えに「腹四分は神に近づき、腹六分は老いを忘れ、腹八分に病なし、腹十分に医者足らず」といわれていますが、野生の百獣の王ライオンさえ、獲物にありつけるのは二、三週間に一度といわれ、獲物を捕まえても腹六分くらいしか、危機に備えて食べないそうです。他のハイエナなどの肉食獣も同じだそうです。

満腹に食べると機敏に動けなくなり、弱肉強食の環境では身を守ることができにくいからです。

私の場合、農林水産省がいう、成人男性の一日の必要カロリー二二〇〇～二四〇〇キロカロリーからは大きく乖離していますが、すこぶる元気で全国全世界を飛び回っています。そもそも栄養学自体が間違っているからでしょう。

栄養学自体が人間を蒸気機関とみなして作られた、熱量計算であり、支配者側に都合の良い研究結果の学問だから仕方ないですね。

栄養学で私を語れば、私はとっくに栄養失調で、あの世へ行っていないといけない存在です。

六四歳で肺炎になった時、五日間、水を少し飲むだけで一切何も食べずに過ごしましたが、五日目の朝にはビックリするほどの便が出ました。

身体は危機的な栄養摂取になると、体の中にある体毒や、全てのものを利用して生命の維持をするように働き、体の中の悪いものさえ利用してくれます。その結果、何も食べずに生きています。

だから断食のあと体調が良くなり、肌も綺麗になる訳です。人体はまだまだ未知の不思議な力をたくさん秘めていて、科学がまだ解明できていないだけだと思います。

「ソマチッド」といわれるミトコンドリアよりも古いといわれている謎の体内生命体も、その一つだと思います。

そして世界に一〇万人いるといわれる「不食の人」が、なぜ健康に長生きできているのか、それは仮説として植物などが行なっている「光合成」の力が人間にもあるのではないかといわれています。

私もいつかはその境地に辿り着きたいと思っています。

＊オートファジーの力（医学博士青木厚著『「空腹」こそ最高のクスリ』一部抜粋）

「空腹」というと、お腹がペコペコで辛いというイメージがあるかもしれませんが、ここでいう空腹とは、「ものを食べない状態」を指していると思って下さい。

空腹の時間を作ると、まず内臓がしっかりと休むことができ、血糖値も徐々に下がります。また、最後にものを食べてから一〇時間ほどたつと、肝臓に蓄えられた糖がなくなるため、脂肪が分解されエネルギーとして使われるようになり、一六時間を超えると、体に備わっている「オートファジー」という仕組みが働くようになります。

オートファジーとは、「細胞内の古くなったタンパク質が、新しく作り替えられる」というもので、細胞が飢餓状態や低酸素状態に陥ると、活発化するといわれています。

体の不調や老化は、細胞が古くなったり壊れたりすることによって生じます。

特に、細胞内のミトコンドリア（呼吸を行ないエネルギーを作り出す重要な器官）が古くなると、細胞にとって必要なエネルギーが減り、活性酸素が増えるといわれています。オートファジーによって、古くなったり壊れたりした細胞が、内側から新しく生まれ変われば、病気を遠ざけ、老化の進行を食い止めることができるのです。

つまり、空腹の時間を作ることで、

―内臓の疲れがとれて内臓機能が高まり、免疫力もアップする。

―血糖値が下がり、インスリンの適切な分泌が促され、血管障害が改善される。

―脂肪が分解され、肥満が引き起こすさまざまな問題が改善される。

―細胞が生まれ変わり、体の不調や老化の進行が改善される。

といったさまざまな「体のリセット効果」が期待できます。

まさに、「空腹は最高のクスリ」なのです。『「空腹」こそ最強のクスリ』（医学博士青木　厚／アスコム）より。

＊日本人の九〇パーセント、厳密に言えば便秘！

ふかなくてもいい切れのいい便が出ることを快便といい、野生動物はほとんど切れのいい便をします。

ふかなければいけない便は毎日出ても厳密に言えば便秘です。

野生動物がお尻に便を付けて歩けば瞬く間に捕食されますからね。

＊縄文人の栄養

縄文人の栄養の考え方は目に見える栄養が五〇パーセント、目に見えない栄養が五〇パーセントと考えていたそうです。

目に見えない栄養は太陽、大地、水、自然、そして人の氣と考えていたそうです。だからこそ縄文土器で食べ物を煮る時にも、土に埋めて遠赤外線効果を利用して調理し、家族、仲間と輪になり、人の氣まで一緒に楽しく取り入れて食事をしました。

詳しく書く紙幅はありませんが、縄文人の知恵には驚き、参考になることばかりです。薬草や土壌菌にも詳しく大いに利用していました。

薬という字は正にそれを表しています。草冠に「楽」で薬。石油由来の薬は何と呼ぶべきなのでしょうね。

第五章　私の健幸人生への道標

一　私が健康診断を受けない理由

元々、我が家には健康診断を受診する習慣がなく、明治生まれの両親がまったく無頓着だったせいかも知れませんが、結果的には私的には大正解だと今は思えます。

サラリーマン時代から会社の指定する健康診断の日は営業の特権で、商談を理由に逃げまわっていました。さしたる理由はなかったのですが……。

私の動物的勘がそうすることを求めていたように思います。その後、いろいろと健康について数百冊の本を読んだり、医者の親類や友人、海外の友人と話したりする中で「健康診断は罠」だと確信するようになりました。

だから数十万円の人間ドッグに入っても、血液検査・尿と便・血圧・脈拍・超音波検査くらいしか受診はしません。

英国の調査では日本人の癌は、病院での過剰なX線検査や、CTスキャン・マンモグラフィなどの検査による放射能が原因の一部であると報告されていますし、そもそも日本と韓国くらいしか私が知る限り、世界中で小学生から健康診断を半ば強制的にやっている国はありません。

外国でこんな半強制的な健康診断をやれば、プライバシーの侵害で国は訴えられるでしょう。身体以上のプライバシーはありませんからね。

戦前に徴兵検査以外に健康診断は日本にも存在していません。

この制度は米国が無理矢理日本に作らせた制度の一つであり、日本人に西洋医学を信じさせて、西洋薬を飲ませる戦略の一つだったからでしょう。まだまだ日本と韓国は自国の制空権もない米国の半植民地ですから仕方ないのでしょうが。

現実に日本の大手製薬の株主は米国資本が牛耳っています。

紙幅の都合上、マンモグラフィやPT、CT、X線などの具体的な放射能の害については省略しますが、当協会ではこれらの情報もメンバーには配信しています。

日本人が医者に言われるままに平気でやっているバリウム（有毒な硫酸バリウム）を飲むことは、日本人だけがやっている危険なことですし、内視鏡検査は腸管を傷つけるかなり危険な行為です。

有名な「チェコデータ」では数十年間のデータ収集の結果、真面目に健康診断を受けた集団の方が死亡率が高いというデータが報告されています。

私がユダヤ人の友人に人間ドッグの話をしたら、「人間の犬ってなんだい？」って大笑いされました。

私は世界中歩いてきましたが、自分の血圧や血液型を知っている人に出会うことは二、三パーセントくらいしかありません。まして血糖値なんか知っている人に会ったことは一度もありません。

健康診断は私たちの健康を心配している訳ではなく、私たちの粗探しをして、病人を作り出すためのビジネスモデルでしかないと私は思っています。

そろそろ皆さんも、金持ちのエリートが仕掛けた洗脳の罠から抜け出して、大切な健康とお金を支配者に貢ぐことはおやめになることをお勧めします。

＊私の死生観

私は六歳の夏、事故により生死の境をさまよう体験で、俗に言う「臨死体験」をして、ちょっとだけあの世の世界を見せてもらう貴重な体験をしました。

その世界は本や映画などでも紹介されるように穏やかで心地良く、安心立命の世界で、母親の子宮にいるかの如く平和で素晴らしい場所でした。

そして山岳密教の学びの中でも、来世のことなども学び死に対する恐怖や、不安は少なくなりました。

幼い頃より、あの世が魂の実家、故郷であり、魂はある意味の電磁波で体感ができないから（マトリックスの世界みたいなもの）魂は肉体を借りて、この世に体験旅行に来ているだけだと学びました。

だから、幼い頃から、どうせ体験旅行なら、この世に居るうちに、なんでも学んで体験して好奇心の塊になって、未だに赤ちゃんみたいに体験旅行を楽しんでいます。

長野県の、とある呉服店さんで「星と宿命・あなたは何故生まれてきたのか？」というイベントを開催していた時に、二、三歳くらいのヨチヨチ歩きの可愛い女の子が私の元に駆け寄ってきて、私の顔をジーッと見て「大人？　子供？」といきなり声をかけられてびっくりしました。

昔の人は「赤ちゃんが泣く男、犬が吠える男はいくらニコニコしていても信じるな！」「三歳までは仏の子」といっていましたが、無邪気な幼な子には人の気や、霊も見えているのです。だから野生の動物や幼な子には、その人の在り方を見透かされてしまいます。そう言う意味でも、母が私を三歳から山岳密教を学ばせたのは正しかったのだと納得しています。

皆さんも人生はあの世から来た、束の間の体験旅行と思って、良いことも悪いことも全てが体験だと思って、ストレスフリーの人生をあの世の実家に帰るまで（あの世の実家に帰るのがめでたいから寿命という訳ですね）思い切りお迎えが来るまで人生の体験旅行を楽しんで下さいね。

＊霊氣を伝導するようになっての変化

実は六三歳から人に霊氣を伝授するようになって、それまで怪我にも大病にも縁がなかった私にいろんな怪我や、重い病がたびたびやってくるようになりました。

それまでの人生では虫歯と風邪くらいしか体験せず大過なく生きていました。

―前立腺癌

最初の大病の体験は、前立腺癌の診断でした。基本的に健康診断は受けない主義の私ですが、大切な宝石のお客様のご子息が経営する超有名病院の二泊三日の人間ドッグにどうしても行って欲しいとの依頼があり、渋々、超高価な人間ドッグを人生の初体験となりました。そして最終日に院長さんより「長先生、実は腫瘍マーカーで異常値が出て検体も調べましたが、前立腺癌が認められました」と告げられました。

ステージ2とか3とか言われたように記憶していますが、さすがにいい気持ちはしませんでした。治療のスケジュールも言われましたが、明確な返事はせずに帰宅しました。

無論、医者でもない家族にも、社員にも一言も言わないことに決めました。無用な心配や不安を与える必要もないと思ったからです。

なんとなくこれは天からの私へのテスト（試金石）かな？　と感じていましたし……。

人間は言葉でどんなに言ってみても、本当のことは自分が体験しなければ本当にはわからないものです。

それまで癌や難病の人の相談や、改善のお手伝いも数知れずやらせて頂きましたが、それまで肩こり、腰痛も体験してない私には事実、現実味のないものでした。だから、宇宙（神）が伝授するなら少しは人の痛みを知るように、新しい体験をさせてくれているのかな？　とふっと思いました。

私は母の教えでもの心がついてから、お風呂で借り物の身体（全ての体の部位に）に手を当てて感謝をするように歯磨きを覚える前に躾られました。今で言うならお風呂でやるセルフ霊氣みたいな感じです。

癌を告知されるまでは、五秒間くらいしか前立腺には手を当てていませんでしたが、告知されてからは以前にもまして、ピンクのオーラを意識して「今日も完璧に働いてくれてありがとう」と言霊にして一分近くやるようにしました。

そして二年ほど経過した頃に、また、院長のお母様から人間ドッグ受診のご依頼があり、再度二泊三日の入院を余儀なくされました（私の場合は、血液・尿・便・触診・超音波の検査は受けますが、その他の検査は全部最初からお断りしています）。

さて再検診の結果は「長先生！　どこかで前立腺の治療をされましたか？　マーカーの数値は正常で検体でも癌は認められませんが？」と院長から言われました。

私はセルフ霊氣を毎日やりましたと言いたかったのですが、西洋医学の信奉者の若い院長に言っても時間の無駄と思い止まって、「人間の自然治癒力はすごいですね。何もしていませんから」と答えて病院を後にしました（ちなみにこの人間ドッグの費用は四五万円でした）。

—左足の親指の爪の全剥離

六三歳で癌を告知され、六五歳で治ったと思ったら、今度は六六歳の貧乏神の最期の歳で、左足の親指の爪が全部剥がれてしまう怪我を負うことになりました。

私は数年前から、雪駄で行動しています。

それは戦前にはなかった日本人の足の劣化を感じ、調べてみたら、大半の日本人が外反母趾、内反母趾などの足の変形が起きている事実を知り、戦前の人の真似をして靴や靴下とは決別しました（日本人は古くから内股で歩く民族でした）。

下駄や草履で歩く人は内股になり、足の親指と人差し指に力が入ります。だから昔の日本人にひざ痛や腰痛は少なかったようです。

足元は人間の土台になるもので、この部分が変形、劣化すれば、簡単に転んだり運動能力は低下します。

この話だけで本は一冊必要になりますが、当協会ではこのようなことも会員の皆さんには、衣食住・電磁波・薬・医療・量子物理学・経済・投資・子育て・体・心・お金・環境・神仏などの健幸に生きるための情報を流し、「共運塾」という勉強会やズームなどを使って毎月、会員の皆さんと学ぶ場を提供しています。

話が脱線してしまいました。

元に戻すと、お店を出ようと玄関先で雪駄を履こうとした時、急に後ろから店員さんに声をかけられ振り返った弾みで、玄関の石畳の隙間に親指が挟まり、私の体重で全部剥がれてしまいました。よく映画などの拷問のシーンで、「生爪剥がし」がありますが、かなりの激痛でした。

呼び止めた、その店員さんも大慌てでしたが、一応、先生と呼ばれる身の辛さで、グッと痛みを堪えて「大丈夫だから、血を止めるからティッシュ持ってきて」とお願いして、止血はしましたが、激痛はさらに酷くなるばかりでした。

その時、ふっと会員のヒーラーさんからよく届く「嬉しい報告」メールの中で、

「指を包丁で深く切ったけど霊氣を当てたら意外と痛みも取れて治りも早かった」

「骨折して全治三か月と医者に言われたけど毎日、足に霊氣を当てたらひと月ちょっとで全

治した」

「火傷をして霊氣していたら、お医者さんが言うよりも倍も早く治って傷も残ることがなかった」

などなどの多数の嬉しい報告を思い出しました。

私もその場でシンボル・マントラをやり、左足の親指に霊氣を当ててみました。

するとビックリ（伝授者の言うことではありませんが……）なんと！　一、二分するとさっきまでの激痛が嘘のように軽い鈍痛へと変化していきました。

治りも知り合いの医者が「長さんも年齢だから全部元に戻るには最低一年はかかるよ」との言葉に反して、半年で完全に親指の爪は完全復活してくれました。霊氣仲間の報告通りに私も完治しました。

私はこの時に霊氣を伝授するようになって、六〇年近く大過なく過ごしてきたのに、癌になったり、肺炎になったり、怪我をしている意味が完全に理解できました。

私は六歳で臨死体験をして以来、喧嘩してもスポーツしても、怪我も病気もなく、たまに風邪を引く程度でした。だから、酷い病も怪我も経験がなく、実は霊氣仲間の「癌が消えた！子供の怪我が驚異的に早く完治した！　認知症の母が一年ぶりに私を理解してくれた！」などなどの報告も「へぇ～みんな、凄いなぁ～」との感じで、私自身には正直、実感があまりありませんでした。

きっと宇宙の偉大な力は私に病や怪我を体験させることで、霊氣仲間の痛みや苦しみを心底共感できるように体験させてくれた天からのありがたい采配と、心より感謝をしました。

余談ですが、臼井先生もご自分の霊氣の力を感得されたのも、鞍馬山で悟りを開かれた後、急いで下山する途中、つまずいて左足の親指の爪を怪我され思わず手を当てたら痛みも血も止まり、ご自分に天から授かった力をご実感されたと知って、さらに天に感謝です。（山口忠夫先生著直傳靈氣より）

さらに山口忠夫先生のご著書に、ご母堂さまの山口千代子先生のご守護神が白蛇神と述べられていましが、私の母（長ダイ）も白蛇が我が家に棲んでいて、白龍弁天を守本尊として信仰していました。

また臼井先生が悟りを開かれた鞍馬山は、天狗信仰で有名で私も幼い頃、叔父に従って天狗の行をしていました。

このようなご縁の中で、まったく六三歳まで靈氣を人に伝授しようと思わなかった私が今、靈氣を伝導させてもらえていることに大いなる宇宙エネルギーの意志を感じています。

天の采配であるならば命をかけて生涯靈氣のために精進して頑張るのみです！

＊ドイツ発「気と波動」健康法（ドイツ振動医学推進協会 ヴィンフリート・ジモン）

波動医学からみる波動に大きな影響を及ぼす危険因子

―地下水脈、断層などによるジオパシックストレス

―電磁波によるエレクトロスモッグ

―不安や恐怖感、怒り、悲しみなどの精神的ストレス（他人から増悪や嫉妬の対象にされることによるストレスなどを含む）

―紫外線や放射線
―薬剤や有害化学物質
―食品や水道水への添加物、混入物
―ニコチン、タール、アルコール、カフェインなど
―アスベストなどの粉塵
―水銀、鉛、アルミニウムなどの金属
―ウイルスやバクテリアなどの病原性微生物、寄生虫
―酸とアルカリのアンバランス

二　バイオレゾナンス・メソッドの着想

波動の共鳴現象を利用して、体の気（生命エネルギー）の流れを調整する健康法。創始者のパウル・シュミットは、①量子論、②ダウジング、③東洋医学・チベット医学という三つの異質の理論や知恵、技術などをヒントにして、人や動物の体を流れる生命エネルギー（気）の振動（波動）には、それぞれの器官、組織、働きなどにより固有の周波数があること。そしてその生命エネルギーが滞りにより、スムーズに流れなくなることが健康が損なわれるということであり、その時には滞りと同じ周波数の波動による共鳴現象で、滞りが消えて再び活発に流れるようになる、これが健康を取り戻すということだと考えた。

①量子論

分子や原子、電子、素粒子などのミクロの世界の法則を解き明かす学問。

量子論の父といわれ、一九一八年にノーベル物理学賞を受賞したマックス・プランクは、一九〇〇年に物質の温度と、それが発する色の関係を明らかにする論文を発表し、「光は粒子であり、波である」という大発見のきっかけにもなりました。

また、「すべては振動であり、その影響である。現実には何の物質も存在しない。すべてのものは、各々のものは、振動から構成されている」と述べています。

②ダウジング

北米大陸やオーストラリア、アンデスなどの先住民が地下に隠れた水脈や鉱脈などを見つけるために、昔から用いてきた前科学的な地中探査方法。

ドイツには昔から地下の水脈や、断層などから放射される波動が病気の原因になる、それも不眠症から癌に至るまでさまざまな身体的な悪影響を引き起こす、と考えられてきました。今日でも、家族が医学的に原因のはっきりしない病気にかかったり、新たに家を建築する場合は、ダウザーに依頼して水脈や断層の有無を調べます。

パウル・シュミットも地下水脈や、断層からの特別な波動が健康に影響を与えると考え、地下水脈なら六四・〇〇、断層なら一四・〇〇という「基本周波数」を持つ波動があることを発見します。

＊東洋医学の「気」「経絡」「チャクラ」

西洋医学は「もの」として体を扱うのに対し、東洋医学では「いのち」として体を考えます。また、人は自然の一部であり、人の体の中にも自然界と同じ構造があると考えます。

さらに「気・水・血」という重要な概念があります。

特に最初に掲げられる気は、全身を巡って器官、組織、細胞の一つひとつに生命力を与える健康の源です。どんな最先端の顕微鏡でも、またいかなる複雑な化学式でも捉えることのできない「いのち」そのものなのです。

我々は西洋の栄養学を取り入れて失敗しました。西洋の栄養に対する考えは目に見えるものだけをいいます。しかし、縄文人は栄養を目に見えるものは五〇パーセント、目に見えないものが五〇パーセントと捉えていたようで、目に見えない栄養は全自然と見て、太陽、空気、人の気や音さえも栄養と見做していました。

縄文人は未病でほとんどの人が、安らかに動物と同じように老衰で死を迎えたようです。

パウル・シュミットが、被験者の全身に対して行なった波動のチェックデータから導き出した、全身を巡る気の流れには三つの大きな流れがあります。

①頭と胴体の循環

②腕の循環

③脚の循環

これは東洋医学の経絡のルートと極めて似ています。

①奇経八脈のうち最も重視される任脈と督脈を結んだもの
②正経の六種（大腸経、三焦経、小腸経、肺経、心包経、心経）
③正経の六種（胃経、胆経、膀胱経、脾経、肝経、腎経）

例えばよく知られる「足三里」を刺激すると胃の働きが活発になりますが、足三里と胃を結ぶ解剖学的なルートは未だに発見されていませんが、間違いなく何らかのルートがあります。これは、エネルギーの流れであり、人には目に見える肉体的な体と、重なり合って存在する目に見えない肉体や気体があるのです。

＊バイオレゾナンスのメカニズム

バイオレゾナンスは音叉のような波動の共鳴現象を利用して、特殊なロッドを使い、物質が発する波動をキャッチし、それぞれが持つ波動の周波数を調べる。

チャクラでは、ロッドが最も強く確実に反応し、気の循環がチャクラとも重なっていることがわかります。

チャクラと周波数は以下の通りです。

―頭頂チャクラ（一〇〇ＨＺ）
―前額チャクラ（九五ＨＺ）
―喉チャクラ（七〇ＨＺ）
―心臓チャクラ（八五ＨＺ）
―脾臓チャクラ（五五ＨＺ）

—臍チャクラ（九〇ＨＺ）
—根チャクラ（四五ＨＺ）

＊振動医学＝バイオレゾナンス・メソッドとは

身体の気は、西洋医学的な症状が身体に出る前に反応が出るため「未病」の段階で発見することができる。

①波動チェック（「気の滞りを測定」「周波数検出」）

臓器に気の滞りがあった場合の周波数は、胃七三・〇〇ＨＺ、心臓四〇・〇〇ＨＺ、肝臓五六・〇〇ＨＺ、腎臓五四・〇〇ＨＺ、子宮八八・〇〇ＨＺ、胸腺六九・〇〇ＨＺ、大腸六〇・〇〇ＨＺなどがあります。

この周波数を対応する臓器に送り、共鳴が起こるかどうか調べます。

②ハーモナイズ（波動共鳴による気の滞りの解消）

気の滞りがあった場合は、同じ周波数を数秒から数分送り続けることで、気の滞りを解消できる。

三　身近に潜む環境リスク

＊衣服や洗剤に関するもの

①加工剤のホルマリン（ホルムアルデヒド）
アレルギー体質の人や、赤ちゃんの敏感肌にはかゆみ、湿疹などアレルギー症状を引き起こす
②染色剤のタール色素（合成着色料）
いわゆる環境ホルモン作用（内分泌撹乱作用）や発がん性、催奇形性などの危険性が指摘される
③化学繊維
静電気を発生しやすく、場合によっては免疫力低下や貧血、肩こり、疲労などを起こしやすい
④洗濯洗剤の界面活性剤
人によっては皮膚のアレルギー症状を引き起こす
⑤ノーアイロン加工や形状安定加工、防臭加工、抗菌処理

＊アレルギー反応の可能性

アレルギーは、異質なものを排除しようとする過剰免疫の一種です。

人間にとって異質な物質による波動的な刺激、ストレスはどんな人のエネルギーボディにも乱れを作り出し、その負荷が一定レベルを超えるとある日突然、肉体症状となって表れる。

＊静電気のマイナス影響

静電気は物質の摩擦によって電気的なアンバランスが生じるために起こる放電現象です。しかし、問題になるのは放電されず、むしろ身体に溜まってしまう静電気です。

静電気を帯びた体にはホコリやダニ、花粉、細菌などが吸い寄せられてしまうため、アトピーのような皮膚疾患や喘息などを悪化させる恐れがあります。

天然繊維は、合成繊維に比べて水分を多く含んでいるため、自然放電が行なわれやすく体に帯電することはあまりありません。

放電するには、室内であれば壁や木材、水道栓などの金属、革製品、屋外であれば地面に手をついても放電できます。

一番有効なのは、靴底が皮の製品を選ぶこと。草鞋、下駄も理想的です。また、日本では家で靴を脱ぐため、畳や自然木のフローリングに裸足で触れる機会が多く放電しやすい。

＊食生活における酸性とアルカリ性

重篤な病気や激しい運動によってバランスが崩れるなど特殊な場合を除き、血液は弱アルカリ性に保たれています。ストレスは蚕糸体質を作ります。

酸性食品を取りすぎると身体は弱アルカリ性を保つために過重な努力を強いられます。肉などの酸性食品の過剰摂取は、骨のカルシウムを溶かし、骨粗鬆症の危険を高めます。骨のカルシウムを溶かすことで血液の弱アルカリ性を維持しているのです。

その他にも痛風、リューマチ、結合組織の病気などは酸性化で引き起こされます。

また酸とアルカリは人体における化学的基礎調整を決定的に左右しているので、呼吸や循環、消化、排泄、免疫、さらに酵素やホルモンの働きもそれによって変わってきますし、細胞レベルでいえば、たんぱく質分子や細胞の構成成分の構造、細胞膜の浸透性、コラーゲンのような結合組織の状態も違ってきます。

一方、バクテリア、ウイルス、寄生虫などは主として過度に酸性になった環境を好みます。体を酸性に傾ける食事としては、肉、魚、小麦粉製品やチーズなどがあります。

＊食からとる大地のエネルギー

①水耕栽培などは太陽を浴びないため、大地のエネルギーがとれません。それに化学肥料を使っていれば土がない分、化学肥料がそのまま植物の組織に蓄積されるため、肥料の硝酸態チッソが発がん性物質のニトロソアミンなどに変化する危険性などが指摘されています。

②有機栽培の食品も電子レンジで「チン」したとたんに、波動的には別のものに変わってしまいます。遺伝子構造さえ破壊されると分子学ではいわれています。

③煙草やアルコール、コレステロールや糖分の摂取、塩分や牛乳なども、その人の遺伝的な体質によりほとんど害のない人もいることがわかってきています。

＊住、生活環境における弊害

①シックハウス症候群

壁紙などの接着剤に含まれる有機溶剤（ホルムアルデヒドなど）や、木材保護のために用いられる防虫剤、防腐剤の揮発性有機化合物（ＶＯＣ）はめまいや頭痛、喉の痛み、湿疹、呼吸器疾患などを引き起こします。

また、機密性の高い現代の家では、カビなどの微生物が繁殖しやすくなっています。喘息や皮膚アレルギー、過敏性肺炎の原因になるだけでなく、強力な毒性を持ち、体内でがんを発生させるようなものもあります。

②電磁波過敏性、エレクトロスモッグ

発疹などの皮膚症状や、疲労感や集中力低下、めまい、吐き気、動悸などの神経症状に悩まされる人が急増しています。

電磁波の有害性を最も早く指摘した研究の一つは、一九七六年に発表されたアメリカのナンシー・ヴェルトハイマーの疫学調査です。

流産は夏場より冬場に多く、その原因として電気毛布の使用が考えられる、というものです。さらに、デンバー変電所の近郊住民の健康調査を行ない、変電所近くでは小児がんの発生率が二・二五倍、小児白血病は二・九八倍にも上るという結果を発表しました。

また、WHOの専門組織、国際がん研究機関（IARC）も家電などによる超低周波磁場には発がんの可能性があるとし、クロロホルムやアセトアルデヒドと同じ危険度「2B」に分類しました。

さらに、二〇一一年五月三一日に携帯電話の電磁波と、がんの発症との関連性について「脳腫瘍の一種である聴神経腫瘍や、グリオーマ（神経膠腫）の危険性が限定的ながら認められる」という調査結果を発表。それによれば、一日三〇分の携帯電話使用を一〇年以上続けた場合、グリオーマの危険度は四〇パーセントも増したといいます。

しかし、今日のような産業社会では、その産業が生み出すマイナスの副産物はなかなか認められにくいのが現実です。大企業、大組織のための政府と役人ですからネ！

③電磁波がダメージを与えるメカニズム

電磁波は、周波数によってX線、紫外線、可視光線、赤外線、マイクロ波、ラジオ波、低周波、超低周波などに分類されます。

X線や紫外線のように波長が短く、周波数の高いものは、がんなどの危険性が大きい。住環境では、波長が長く比較的周波数の低いマイクロ波や、超低周波などの電磁波が問題となります。

飛行機や病院では携帯電話の使用が禁じられていますが、これは精密機器の電気システムに電波が影響し、誤作動を引き起こす可能性があるからです。

私たちの体は飛行機や病院の機器よりはるかに精巧な「生きた精密機器」で、すべての細胞は電気を帯びています。

通常は細胞の外と内ではマイナス七〇MV前後の電位差があり、何かの刺激があるとマイナスがプラスに逆転します。この電位差を筋肉や神経が情報伝達に利用しているのです。電磁波の影響が、私たちの体に誤作動を起こさせる可能性は十分にあるのです。

電気的な刺激が介入すると細胞分裂・分化に変化が生じたり、脳の松果体から出ているメラトニンの働きが阻害されることもわかっています。メラトニンは生体リズムの調整、睡眠に関わるだけでなく、がん抑制効果があることも近年注目されています。

④電磁波対策

―スイッチを切るだけでなく、コンセントから抜く。

―アースをつける。アースをつけることによって漏電防止だけでなく電場を小さくできます。

―一階より二階の方が電磁波は大きい。普通の建坪三〇坪程度の家でも家じゅうに電線は二キロメートルも配線され、特に二階の天井裏に多く施行されます。子ども部屋は二階を避けるべきです。

―金属製品を点検する。コードや配線の近くに金属家具などがあると、それ自体が帯電して大きな交流電場を発生させる。

―寝室は特に電磁波フリーに。寝ている時の方が波動的な影響を受けやすい。コンセントをずっと差しておかなくてはいけないもの、例えば携帯電話、電気毛布などは寝室で使わないことや、ベッドを木製にして、金属バネ入りマットレスは避ける。

⑤高周波電磁波（マイクロ波）対策

家庭では、携帯電話やコードレスフォン、電子レンジ、ＩＨクッキングヒーターなどが当てはまります。

行政や関連業界の見解はひたすら安全性を強調するものですが、研究が始まったばかりの分野で健康に対する結論が出るのはまだ先のことです。

現在、指摘されているものは、脳波の変化や心理障害、視覚障害、血圧・血流障害、血液脳脊髄液関門の透過性異常、ホルモン異常、遺伝子の欠陥、特に幼児の発がん性などがあります。

携帯電話に関する実験でも、電話中の人の頭部の電磁波に、熱を発生させるホットスポットができるという報告もあります。細胞のＤＮＡが変質し、がんの原因を作ることが危惧されています。携帯電話を使う時は三〇秒ごとに電話を当てる耳を変えること、スピーカホーン、Bluetooth、イヤホンなどで話す。そして二分以内に通話をすませることをお勧めします。

現代では様々なことが、私たちの心身に影響を与えています。完全に排除することは難しいですが、少しでも防ぐことで身体も気も健康でいられるように心がけたいものです。

※霊氣は波動量子医学のひとつとして世界も認めている代替療法の王道です。超霊氣を活用して薬にも医者にも縁がない人生を！

第六章　世界に広がる「波動医学」

一　船瀬俊介著『全ての存在は波動』より

「生命」「意識」「宇宙」あらゆる存在は『波動』である。全ての存在は波動、物質は存在せず。

「波動医学」の原理は明快である。生命は、波動エネルギーである。身体は、波動エネルギーである。

量子力学の創始者マックス・プランクの箴言が全てを物語る。

「全ては波動であり、その影響である。現実には、何の物質も存在しない。全ては波動から構成されている」

つまり、生命も、意識も、宇宙も、あらゆる存在も『波動』に過ぎない。

「色即是空」の意味？

色つまり、万物の存在は空である。空つまり、物質ではない。

「空即是色」とは？

物質ではない空から、宇宙の実在、つまり色が生成される。

この生成原理こそが、まさに「波動エネルギー」なのである。

宗教の奥義は、実は物理学の奥義と通底している。

生々流転・千差万化とは仏教の教えだが、量子力学の開祖マックス・プランクが解明した宇宙のダイナミズムと見事に重なる。

つまり、仏教は宇宙存在の「理《ことわり》」は物理学の真髄を説いていたのだ。

＊レイキ健運国際協会・長勝盛が提案する、これが正に靈氣の実態

人間の手から目から体から言霊から想念から素晴らしい波動が出ている。

これを活用できるのが靈氣。動植物も三歳までの赤ちゃんも、縄文人もみんなが神様に与えられていた自然の力。

ただしネガティブな心を持てば当然、靈氣にも乱れ、汚れが生じてしまう。

薬や添加物、悪い電磁波や間違った強欲、自己中心、恨み、妬みなどもネガティブなものである
靈氣ヒーラーとして心の在り方、そして宇宙エネルギーを素直に信じて受け入れて流すことを本気でやることが肝心要です。

二　欧米での代替医療の現状

＊慈恵クリニック院長山田義帰氏より引用

代替医療とは Alternative Medicine の略。「代わり」という意味で、一九九〇年代から欧米では科学の進歩と並行して、逆に病気の患者が増えて癌をはじめ不治の病や難病が増加して、これまでの科学万能主義の西洋式の対処療法に限界を感じはじめた一部の医師が発端となり、現在では、東洋医学、鍼灸、気功、霊気、祈り、指圧、漢方、按摩、アーユルヴェーダ、ヨガ、アロマテラピー、断食、瞑想、シルバーメソッドなども効果のある治療の一つとして採用されている。

それに追従するように、WHO（世界保険機関）は健康をホリスティック（全体論的、全人的）に捉え直すべきであるという世界的な声に応えて、一九九八年にWHOは新たにスピリチュアル（霊的）な次元での健康を加えることを提言した。

その改正案の中身は「健康とは身体的、精神的、霊性的、社会的に充分満足すべきダイナミック（動的）な状態をいい、単に疾病または障害のないことではない、と。拡大すべきと提言され、結果、圧倒的多数で可決された。

最近のWHOの調査によると、世界人口の約八〇パーセントの人が、西洋医学以外の代替医療を、なんらかの方法で取り入れている。

米国の医科大学の六六パーセントで既に、代替医療講座が設置されている。

＊マクガバン報告

代替医療が米国で注目され研究される基になったのは、一九七七年に米国の上院特別栄養委員会のマクガバンレポートが発端になった。米国国民の健康障害の原因調査で、原因の一番目が食生活であり、二番目がストレス、三番目が運動不足、四番目が環境汚染であると報告された。いわゆる現代病というのはウイルスや、細菌が原因となって発病するのではなく、国民の体質が病気を作り出している。

マクガバン委員長は「ガン、心臓病、脳卒中、脳梗塞、糖尿病などの慢性病は、肉食中心の誤った食生活が引き起こした食源病であり、これはクスリでは治らない。我々はこの事実を素直に認めて、直ちに現在の食事の内容を改善する必要がある」と報告するとともに、七項目の改善提案もした。

①食べ過ぎない。
②野菜、果物、未精製穀物による炭水化物の摂取量を増やす。
③砂糖の摂取量を減らす。
④脂肪の摂取量を減らす。
⑤特に動物性脂肪を減らし、脂肪の少ない赤身肉、鶏肉、魚肉に変える。
⑥コレステロールの摂取量を減らす。
⑦食塩の摂取量を減らす。

そして、もっとも理想的な食事は元禄以前の日本人の食事であるとも提案している。

つまり、それは精白されていない米や粟、稗、麦など、主に未精製の穀類、豆やキビなどを主食として、季節の野菜や魚介類、海藻などをおかずにした時代の食事のことである。

まさに「まごわやさしいこ」の食生活です。

＊米国では薬の副作用死が問題視

米国では適正な薬の投与によっても、薬害が死因の第四位となっている。心臓病、癌、脳卒中についで四位となっている。

日本では生活習慣病薬の種類と投与量が米国よりもはるかに多い。副作用による、被害者の数や、被害の割合は日本の方が圧倒的に多いと予想される。

厚生労働省の医療品副作用のモニター報告によると、死亡の大半は、抗生物質や化学療法の投与によるショック死が多いとのことです。

＊自然治癒力を高める

現代医学、西洋医学の始祖は、古代ギリシアのヒポクラテスの言葉「人間は神様によって自然治癒力が与えられているから、医師と薬がそれを手助けすることで病気はよくなる。そのことを忘れてはならない」と述べています。

この自然治癒力を上げる一つの方法が霊氣だと考えます。

三　タッチケアーの効果（霊氣）

一九九六年、マイアミ大学のティファニー・フィールド博士などの研究で、赤ちゃんを触ることの素晴らしい効果が明らかになりました。

未熟児で生まれた赤ちゃんのうち、マッサージを受けたグループの赤ちゃんは、受けなかったグループの赤ちゃんよりも、体重が三一パーセントも平均、高かった。接触によって迷走神経（主として胸腹部の内臓を支配する副交感神経）が刺激され、その活動性の増大により、幸せホルモンのオキシトシンや、インシュリンなどの食物吸収ホルモンが増加したからではないかと考えられています。

皮膚は発生学的には、脳や中枢神経系と同じく外胚葉から形成され、その広い面積で外界からの刺激を知覚する。また、皮膚に分布している感覚受容器からの刺激は、脊髄から間脳、視床下部、脳下垂体へと刺激が伝わります。

これらの部分は情緒や自律神経、免疫系、内分泌系に影響を与えることが、精神神経免疫学の発展によってわかってきました。

したがって、皮膚に接触して刺激を与えることは、心と体の両面に好ましい効果、影響を与えることになるのです。

タッチケアーの効果として、これまで分かっていることは他にもあります。

例えば、生後三か月の乳児に家庭で六か月間のタッチケアーを行なった場合に、その前後の乳児の状態を比べてみると、赤ん坊の社会性が高まり、認知、適応の能力も高まったといわれています。

また、調査の自由記述から伺えることでは、寝付きや夜泣きの改善、便秘の解消など「身体の健康への効果」、情緒の安定や感情表出の活性化などの「心理的健康への効果」、アタッチメント（愛着）の形成など「母子関係の効果」などなど、多岐にわたります

霊氣の原点である手当、撫でることは太古から人間が無為自然にやってきた親子の基本動作で、日本人は、戦前はおんぶして、片時も子供とのスキンシップを欠かさなかった。

そして戦後、欧米から導入された科学的といわれている馬鹿げた育児法（添い寝はダメ・抱いてはいけない・甘やかさない・食事も時間通りになどなど）を信じた戦後教育の弊害とが今、日本中で悪影響を撒き散らしています。

最近の研究では、母と赤ちゃんが見つめ合うことも双方にオキシトシンが分泌されることもわかってきました。恋人同士が見つめ合うだけで幸せになるのも納得できますね。

それをリカバリーするのが親子でのレイキヒーラーですね。

四　日本発のレイキは世界ではポピュラーなハンド・ヒーリング

『世界に広がる波動医学』　近未来医療の最前線　著者 船瀬俊介氏より引用

*日本で生まれた「霊気」「レイキ」

世界的に代替医療としてポピュラーなハンド・ヒーリング。

そのルーツが日本にあった、ということを知らない人がほとんどでしょう。

それは、俗に「手かざし」、あるいは「霊気」、「レイキ」と呼ばれ、庶民の間では広く行なわれていました。

「……民間療法であり、手当て療法、エネルギー療法の一種である。霊気は、民間療法における霊術・民間精神療法の潮流のひとつである。霊術の世界で『霊気』は、手のひらから発する癒しのエネルギーを指す言葉として、一般的に使われていた。「レイキ」は一九二二年に臼井甕男が始めた『臼井霊気療法』に始まる」

「彼は安心立命の境地を求めて鞍馬山にこもり、二一日間の断食を行なう。二一日目の深夜、脳天を貫く雷のような衝撃を受けて、失神。目覚めた時には、治療能力を得ていた」

「これが海外で独自に発展・簡略化したもの。霊気は、臼井の弟子の林忠次郎から日系アメリカ人ハワヨ・高田に伝授され『レイキ』としてアメリカで広まり、世界に広まった」（ウィキペディア）

二〇〇七年には世界中で約五〇〇万人が（現在では一〇〇〇万人）実践しているという。

「……健康維持や自己啓発に有効とも主張される。宗教で行なわれる『手当て，手かざし』とも似ているが、レイキ関係者は、レイキは宗教ではないとしている」

＊ラーメンと同様にポピュラーに

「REIKI」は、日本発祥の言葉として、欧米を中心とする海外で認知度が高いです。

二〇〇一年に発行された英国の辞書の新版では、新たに収録する日本語由来の英語の一つとして、『RAMEN』『GAIJIN』などとともに『REIKI』が、選ばれている。

つまりラーメンと同じくらいレイキは有名なのです。

逆に日本ではレイキといっても、一〇〇人中一〇〇人が「何、それ⁉」でしょう。

海外でこれほど有名でも、日本ではまったく知らされていません。

その理由の一つは、戦後GHQがこれらの普及を厳禁したからです。禁止の理由は「霊術であるから」です。

GHQの背後には、紛れもなく、闇の支配者「フリーメーソン」がうごめいています。

GHQのトップ、マッカーサー司令官ですら、メイソンリーであったことが判明しています。

さらにレイキの起源に関しては興味深い記述があります。

「バーバラ・レイのように、レイキは古代から存在する、という意見もあり、古代チベットあるいは、古代インドを起源とするという意見も少なくない。その場合、臼井は、再発見者または中興の祖とされる」

「海外では、レイキは宇宙のエネルギーであり、臼井より以前、古代から存在するという説が主流である。古代より普遍的に存在するとする立場では、レイキは釈迦やイエスが行なった癒しと関連づけられる」

これが、正解と言えるでしょう。

＊日本では詐欺罪で逮捕される！

なぜレイキが、これほど海外で支持され、根強い人気があるのか？

理由は簡単です。病気が治るから！

治療効果がなければ、五〇〇〇万人もの人々に普及はしません。

病気が実際に癒される。だから、欧米を中心に人気がある。

もう一〇年ほど前の情報によりますと、その時ですら、ドイツなど欧州十一か国でレイキが医療保険適用と聞いて、驚いた経験があります。

レイキ治療を受けると医療費とみなされ、医療機関には保険金が支払われる。

さて、発祥の地、日本ではどうだろう？

驚いたことに「手当て」や「手かざし」治療を行なうと、詐欺罪で逮捕され、刑務所に入れられるといいます。

そんなバカな……と調べると、最高裁判決で、これらの行為は「詐欺犯罪である」と断定されています。

世界では合法！　日本だけが違法！

これが、情けない日本の現実なのですね。

ここからは私見ですが、なぜなら日本には世界的に見て厳密な医師法があり、治療は医師免許を持った人しかしてはいけない、という厳格な法律があるからです。

理由は患者のためではなく、利権と官僚天下りの既得権益を守るためでしょう。その証拠に以前、新宿でエステサロンを経営していましたが、業界誌などの広告を、レイキで入れると採用してもらえず、脱毛エステはローンの審査も簡単に通るのに、「レイキ」を入れると、少額であってもほぼ通りませんでした。

いかにこの国の役人が薬や医師を必要としない「靈氣」を阻害したいのか、痛いほど思い知らされました。

第七章　チャクラ開きと宇宙エネルギーの活用法

一　チャクラ開き後の感想

―それまで整体の施術では改善されなかった偏頭痛の患者さんが一度の施術で劇的に改善されて私も患者さんもびっくり（米子市　三〇代男性　整体師）。

―馴染みのお客様に「あなたの手の感じが今までと違う。凄く温かくって気持ちいい」と、私が霊氣取得したことも言ってないのに驚いた（東京都　三〇代女性　エステシャン）。

―三か月間施術していた強度の腰痛の患者さんが、三回霊氣を施術したらほぼ痛みも消えて，私も患者さんも嬉しいやら驚くやら（長野市　四〇代男性　作業療法士）。

―いつものように常連客のお客様のシャンプーをしていたら，「なんだか今までと違うみたい～。凄く温かくって気持ちいい」と言われ、お帰りの際に「アレッ　これ何！　肩が楽！　足もメチャメチャ軽くなってる！」と凄く喜んで頂き、霊氣取得していてよかったと思いました（山口市　五〇代女性　美容師）。

―学校から発達障害と言われて転校を言い渡されていた小学二年生の娘が、霊氣取得後二か月後の試験で、それまで平均点が三〇点程度だったのが、なんと！　八〇点に。今では普通クラスでイキイキと学んでいます。本当に受講させて良かった（高松市　四〇代　母親）。

―売上低迷が半年間続いて本気で退職を考えていた時に受講しました。霊氣で習った通りに毎日、願望達成の手法を真剣にやってみました。なんと二か月後の売上が営業所でナンバー1の売上となり、私も周りもびっくり！　信じてやってみて本当に良かった（防府市　五〇代　生保レディ）。

―学校で最悪と言われる素行の悪い生徒が多いクラスを担任させられて悩んでいた時に霊氣を受講しました。教えられた通りに浄化のマントラ・シンボルを毎日続けた結果、なんと学校で一番、生徒のチームワーク、素行、成績の良いクラスに変貌！　その秘訣を校長、理事長に聞かれて、長先生の話をしたところ、長先生を学校にお呼びして講演してもらう話まで進んだ（米子市　三〇代女性　高校教員）。

―脳梗塞で半身不随となり左足が動かなくなっていた友人の父親を霊氣取得して三日後に、一緒に取得した仲間と三人で、施術したら、なんと動かなかった左足が動いて、ご本人も私たちも感動して抱き合って涙しました（徳山市　四〇代　主婦）。

―高齢の母がトイレに行くのも大変なくらいに足腰が弱って、家族全員が負担になり困っていたのですが、私が霊氣施術を四、五日間やっていたら、元気だった頃の母と変わらないくらいしっかりした足取りで歩くようになってくれて、私も家族も大喜び（徳島市　五〇代主婦）。

—洗濯機が止まってしまって、先輩ヒーラーさんが「家電が故障したらシンボルを使って直す」っておっしゃっていたことを思い出して、試しにやってみたら、アラ！　不思議！　動いてくれました（川崎市　四〇代　主婦）。

—パニック障害で外出さえ怖くってできなかった私でしたが、チャクラを開いてもらってからは、それまで常備薬として常に携帯して飲み続けていた薬を一度も服用することなく半年が過ぎています。思い切って受講して本当に良かったと感謝しています（熊谷市　三〇代女性　保育士）。

—ひと月必死で探していた大切な指輪をシンボルマントラを使って探してみたら、その日に見つけることができました（福岡市　六〇代　主婦）。

—高校生の娘の生理痛が酷すぎて、偏頭痛と下腹部の痛みと吐き気のために学校も二、三日休み鎮痛剤は常用していました。そこで鎮痛剤はやめさせて、霊氣施術をひと月やってみました。

するとニか月後の生理の時、娘が走ってきて「お母さん！　トイレに行ったら生理がきていたけど全然痛くない。来たのもあまりわからないくらい！　すごい！　お母さん！」と叫んで喜んでくれました。今では娘も霊氣ヒーラーです（広島市　四〇代　主婦）。

—身体も心も軽くなり、人の好き嫌いも緩和されて、ストレスも以前と比べて半分も感じられなくなった。仕事の性質上、よく人の気を受けて自分自身の負担も多かったのですが、受講後、ストレスも軽く受け流すようになれました（北九州市　五〇代女性　看護師）。

—医師国家試験に二回失敗して落ち込んでいる時に、受講させて頂きました。半年後の試験まで参考書にも筆記用具にも、マントラシンボルを使って感謝して勉強しました。

試験当日も今までとは違ってリラックスして受験できて、驚いたことに、私がしっかり勉強した箇所が沢山出題されていて見事三度目の正直で合格できました（さいたま市　二〇代女性　学生）。

—一〇歳の子供が手のひらに火傷をしてしまい、お医者様から「全治一か月。火傷跡も多少は残る」と告げられて一生のことなので不安になりましたが、信じて懸命に霊氣施術を毎日やり続けました。

お医者様も驚かれましたが、なんと二週間で完治して傷も残りませんでした。本当に霊氣取得していて良かったです（飯田市　四〇代　主婦）。

—医者が見放した猫の奇跡の回復。私の体験談をさせていただきます。

二週間前に、友人が事故にあった子猫を保護し、二軒病院に行きましたが、どの先生も極めて危険な状況でおそらく助からないと言われました。

その時、毎日写メにレイキをかけたら、みるみる回復しました。レイキ本当にすごいです！事故した日の写メと、現在の姿を送らせてもらいます。

本当に奇跡です！（松阪市　三〇代女性　会社員）。

—嬉しい報告。犬の病！

肝臓に腫瘍が見つかり白血球の数値も悪く酷い貧血になっていたワンちゃん。薬のせいか、下痢を繰り返し、貧血も酷く一旦、薬は止めることに。一〇月初めに直接レイキをして、あとは遠隔でレイキをしていました。今のところ落ち着いていると言われていましたのですが、先週の日曜日にまた下痢のような軟便をしているので、遠隔をして欲しいと、連絡があり、何度か遠隔をさせて頂きました。

次の日　病院に行く日だったのですが、昨日の様子から結果は悪いだろうと。ところが、白血球、貧血の数値も回復。おまけに、肝臓の癌が無くなっていました。

結構な大きさだったのに、なぜ⁉　と獣医さんも不思議がられていたと、御礼の電話を頂きました。仕事柄、沢山のワンちゃんにレイキをしますが、こういう報告は、本当に嬉しいですね（広島県　女性　トリマー）。

―レイキの力。感謝致します。最近自分自身と回りから霊気の素晴らしさを実感しました。親知らずを抜いたり、親の看病と、知人の自閉症の子供さんと、重なりましたが、霊気の体験と宿題を頂きました。親知らずの歯は止血が早く医師が、驚くほど治療も完璧。自閉症の子供さんは、泣き叫ぶことが治まり、今は趣味も見つけ明るくなりました。素晴らしいです。母の病も、素晴らしい医師に廻り合い、これからの回復も楽しみです。人が元気になれる姿に私自身も元気になれることに感謝でございます。日々の、ご指導に感謝致します。ありがとうございます（福島県　六〇代女性　営業）。

―ビデオで改善！　こんにちは。

一昨日、レイキグループラインへ送って下さった過去のメッセージで再度確認したいことがあり、調べものをしておりました。

午後から頭痛がしておりましたが、たまたまスワイショウ体操の後の最後のチョクレイをビデオで見ただけで頭痛が治りました。いつもであれば、薬を飲まなくては治らないぐらいの症状でしたが、本当に助かりました。ありがとうございます。
私は、レイキは習得出来ておりませんが、レイキを習得出来れば自分のみならず第三者のことも改善出来るのであればと思うと、大変興味深く思いました。（飯田市　四〇代女性エステシャン）。

―死の淵からの生還！

先生、上田市の若林です。今日佐久の医療センターに診察に行って来ました。担当医の先生はもう助からないと言っていました。一生車椅子だと言われました。担当医は何があったのか信じられないと、凄いな凄いと、これの繰り返しです。本当にレイキの力は凄いと実感します。私は宮原さんに命を助けられて、宮原さんのためにお役に立てるように頑張ります（上田市　五〇代男性　会社員）。

―認定書届きました。ありがとうございます。嬉しいです!!

昨日、レイキセミナーから初めてヨガに行ったのですが、驚いたことに、今まで全然出来なくて直されまくっていた綺麗な姿勢が、いとも簡単に出来てビックリです。
私も驚きましたが、ヨガの先生がビックリしていました！　すごいですね。
あと、呼吸が深く出来るようになり、色々なツラさから解放されました！
瞑想も集中力が今までと段違い。好転反応もしばらく軽い頭痛がありましたが、ついに抜けたようです。清々しい（岩国市　四〇代女性　美容関係）。

二　REIKI（靈氣・レイキ）は宇宙エネルギーの活用法

レイキというのは「宇宙エネルギーであり愛の波動である霊気」とつながることにより、自分がその通路となって見たもの、出会ったもの、触れたものの、すべてを癒していくヒーリングテクニックです。量子物理学でいう宇宙の波動を、自分の身体をパイプとして使い、相手に流す施術です。

レイキの神髄はいつでも、どこでも、必要な時は瞬時に霊気とつながり、ヒーリング（癒し）を行なうことができるように、伝授者から与えられるエネルギー伝授にあります。

エネルギー伝授は、あなたを宇宙エネルギーの通路にするため、そして大宇宙と小宇宙である、あなたを共振共鳴させるため一定の方式に基づいて、アチューンメント（波長合わせ）と呼ばれる作業が一人ひとりに向けて、ていねいに行なわれます。

これによりあなたは宇宙エネルギーといつでもコンタクトでき、それを活用する能力が得られたことになります。

＊霊気法の特徴（十一ポイント）

①修行・訓練不要

エネルギー伝授（アチューンメント）によって霊気の流れる回路が開かれ、誰でも、その日からできるようになる。

②一生有効

霊気の回路が開かれると使わなくても一生涯、能力が落ちることはない。

とはいっても、使わなければそのレベルのままですと、私は考えています。セミナーを受けただけで満足される方が割に多いのは残念です。レベルを上げるには継続して一日三〇分は最低、続けられた方が良いですね。

③パワーアップ

レイキヒーリングの力は、使えば使うほど強力になる。また、いくら使っても疲れることはなく、使えば使うほど一層パワフルになる。

※私見＝霊気を使えば使うほど強力になるのみならず（レイキは、自分が媒体となって高次のエネルギーを通過させているにすぎないので疲れません）、気質が繊細になってきます。繊細になるほど心の底に溜まっているトラウマ・疲れを捉えて癒すことができるのです。もちろん氣の強さも必要ですね。

④集中・努力不要

レイキは手を当てる（かざす）だけで必要なだけ自動的に流れるので、意識の集中や努力は一切必要ない。

※私見＝逆に意識を強く持ったり念の力を使い過ぎますと、ご自分のエネルギーを消耗することになりますので疲れたりします。確かに念力で治す方法もありますが、レイキは宇宙エネルギーに任せる方法です。

ただし例外として伝統的なレイキ法の中には、多少の想いを使う技法があります。念達法といって、清らかな私心のない想いで相手の了解の下に一、二分、病人の不安を軽くする技法です。

自分がレイキの通路になりますので疲れず、かえってエネルギーを頂けるので、元気になります。

⑤邪気を運ばない

霊気はクリアな光なので、ネガティブなエネルギーを運んだり、邪気を受けたりすることがない。

※私見＝以前何らかの気功を学んだ方の中には、その気功の先生から邪気を受けるなどの指導を受けられておられる場合があり、潜在意識に邪気は受けるもの、という情報が強くインプットされているケースがあります。

この場合レイキを学んでも、しばらく邪気を受けたかのような現象が出てくることがありますが、レイキに慣れるにしたがって、その点は解消されてきます。

あるいは、レイキのアチューンメントによって第三の目・松果体が活性化し、相手の具合の悪い所を自分の体で敏感に感じとり、一見邪気を受けたような感覚が生じる場合もありますが、その場合は一時的なものです。

⑥信じなくても有効

レイキは宗教や思想に関係なく、また信じる信じないに関係なく、効果を発揮する。

※私見＝ですから、意識不明の病人・植木・ペットにも効果が期待できるのです。ですが、

レイキを拒んでいる方には、受け付けない見えないバリアーが発生しておりましたので、レイキをしても弾かれるケースもあります。無理して直接レイキをしない方がいいですね。そんな人には、本人の自我意識の無い状態を見計らって、例えば睡眠中ですと、そっと手を当てるとか、遠隔レイキをするなどの方法があります。

⑦人間以外にも有効

レイキヒーリングは、人間以外の生物（動物や植物）にも有効であり、鉱物などの無生物や場のエネルギー浄化にも活用できます。

⑧他との相乗効果

霊気は医薬や他のテクニック（鍼灸・気功・整体・エネルギーワークなど）と併用して、その効果を倍増させる。

⑨時空を超越

レイキはシンボルマントラの活用により、時間、空間を超越して遠隔ヒーリングや過去、未来へのヒーリングができる。

⑩カルマなどの浄化

レイキは深い心の傷やトラウマ、カルマの浄化に役立つ。またＤＮＡに記録された遺伝子情報の改善にも効果がある。

※私見＝これにつきましては、その深浅により浄化に時間がかかる場合があります。

⑪悟りへの道標

自己浄化や瞑想を通じてレイキの根源に波動を合わせ、日常的に霊気と響きあうことにより、自らを高めて自己実現を図ることができる。

※私見＝悟りといっても求めているレベルによって無数の段階があります。高邁な宗教的大悟を想像しがちですが、日常、気軽にレイキに親しむことによって、自然に宇宙と共鳴できますので、ストレスは軽減され、リラックスして、仕事・家事などを行なえるようになってきます。もちろん大悟を求めておられる人にも、そのための方法論が、これは特にレベル3で深く学びますが、用意されております。

チャクラを開くと体調も改善されて、運気も勘も良くなる人が多いようです。

しかし、トラウマや薬害のある人は二一日間程度、好転現象で疲れや気分が下がることもあるようですので、頑張って乗り越えることが大切です。

三　招運の原則

＊自分の星と宿命に真摯に取り組む

―この項は信じる人だけ読んで頂ければいいですからね。

星（生まれた日と解く）は生年月日を意味して、宿命（宿題と命令と解く）はこの世に来る時に神様が命令された宿題です。

ミミズは神様から土を耕すように頼まれ、蜜蜂は花粉を運ぶことを頼まれた。

その上の人間が何も頼まれずに、この世に生を授かるはずがない。

全員に神様からの命令の宿題があります。

神様の嫌いな言葉は「自己実現」。それは我欲にしか過ぎないから。

「天命」、これが神様からの宿題だから、ここをやらないと徳儲けにはならず、子孫に禍根を残します。

金儲けと徳儲けを両立した人には、神様の徳が授かります。

徳儲けは孫に運を残します。

「情けは人のためならず、孫のため！」

―先祖・創造主と母親を大切にする！　宇宙の真理に逆らえない！　「受け入れる、許す、感謝する、愛する、の生き方を実践する」

―一切の因は我にあり、の考えで行動する。人生は偉大な力で導かれているのに、自分の我執で不幸を選択していることに気づかない。

―明元素！　明るく元気に素直に！

行動、言動、態度を誰からみても明元素に見えるように！　うなずいているだけでも素直に見えるから得をする。大きな声と姿勢で明るく元気に見える。

―躾三則を大切に！

挨拶＝人間生活の基本
返事＝拝・配・背
後始末＝末＝ひつじ＝美（後始末上手の人の未来は美しい）

―この世に幸も不幸もない。あるのは考え方の違いだけ！　ウィリアム・シェークスピア

—この時代に、この国に生まれたことを感謝して喜び、生きる！　戦時中や北朝鮮に生まれたと思えば、どんなことも我慢できる。

—あの世から母親を自分自身で選んだことを忘れない！　母親を恨んだり、粗末にすることは全部ブーメラン現象で自分に戻って来る。「神仏、母を粗末にして成功する者はいない」

—戦前の日本人は生まれた時が一歳と数えた「数え年」でしたが、それをGHQが「満年齢」に変えた。なぜか？　母親を大切にしない日本を作り上げるためであった。戦後七八年も経ち米国の作戦通り力も気力も運もない国となりました。

—水戸光圀（水戸黄門）の言葉に「自分の誕生日は母がいちばん苦しんだ日！　母に感謝して粗食で暮らせ」とあります。事実、戦前の子どもは母親に敬語で話し、誕生日には母に感謝を捧げました。「数え年」のお陰で一生、母親の恩を忘れません。世界中を歩いても母親と「タメ語」で話す民族は日本人くらいなものだと思います。信長、秀吉、家康、田中角栄でさえ母親を大切にして敬語で話していたのに、この国の子どもたちはわざわざ運を下げる生き方をしていると気づくべきです。両親は幼い頃からそう躾るべきです。

—神様に似せて作られた創造物であることを信じて、自分自身の中に偉大な力があることを信じる！　生き物の頂点にいる人間には、動物の能力はすべて与えられているが、すべての生物への責任があることを忘れてはいけない。

—万物一物を信じて、道具にも植物にも空気にも、すべての存在するものへの感謝を忘れない！　イチローや羽生結弦選手に学ぼう。

—創造主・先祖が自分の細胞の中に存在することを信じて、創造主・ご先祖様に恥ずかしくない生き方を心がける！

「私なんて、どうせ私なんか」って絶対に使わない。

ご先祖様・創造主に悪態ついて文句を言ってしまえば、さらに運は無くなるから。

―毎日、自分の身体に手当てして、創造主・ご先祖・細胞に感謝をする習慣を持つ！　勝手に動いてくれる心臓にも、外敵から一生私たちを守ってくれている細菌や免疫機能すべてに。

―灯明が燃えるように毎日、自分の情熱の炎を死ぬまで燃やし続ける！　生きることはそれぞれの立場で燃えて輝くこと。

―知好楽で何事も実践する！　知っている人よりも好きな人には敵わない。好きな人よりも楽しんでいる人には敵わない。天命で動く人には何者も敵わない。

―不平不満・愚痴・泣き言・悪口・辛い・疲れた・嫌だ・嫌いなどと、一切言わない！

楽しい・幸せ・大好き・愛してる・有難い・ツイてるだけを言い続ける。

―掃除の「そ」と笑いの「わ」感謝の「か」

「そ・わ・か」の法則。なぜ、トイレ掃除をする人は人生がうまくいくのか？

トイレ掃除をしている人、していない人の年収が八八万円も、きれいにしている人の方が高かった（トイレ用洗剤のライオンの調査）。

「トイレ掃除を週一回以上しているか」の調査では、年収六〇〇万円未満の人より六〇〇万円以上の人の方が、トイレ掃除を頻繁にしている結果となった（トイレットペーパーの大王製紙の調査）。

―言霊の波動エネルギーを活用する！　念ずれば叶うを一〇回、口にすれば叶う。

戦後、アメリカ占領軍がやろうとしたのは、日本の漢字、仮名の禁止。ローマ字に変えようとした事実。

外国語は母音＋子音で成り立ち、日本語だけが母音＋子音＋父韻で成り立っている。

言霊はユダヤもアメリカも認めた波動量子物理学で認められた科学なのだ。

―頼まれることを喜びにする！　人という字にもあるように支え合って生きている。

頼まれることは期待されている証拠。情けは人の為ならず。頼まれやすい人は仲間も多い。

所詮、運は人が運んで来る。

―この世よりも来世を考えることも大切！　この世は体験旅行に来ていると知れば、全ての体験は有難い。

そしてあの世で褒められて子孫に徳を残す生き方をしよう。常に私たちはご先祖と創造主に、見られているから。

―人を喜ばせる！　笑顔は最高の癒しパワー。

相手を喜ばせると、その気は全部、自分に戻って来る。

笑う＝咲らう（平安時代の笑う）。笑いはＮＫ細胞を活性化して、セロトンを出す。よって免疫力アップ。

怒り＝ドパーミンや毒を出す、さらに脳の神経細胞にダメージを与える。よって病は心因性が多い。

人は誰もが「喜ばれると嬉しい」という本能が組み込まれている。

「君のことが嫌い」と言ったら相手もあなたを嫌いになる。その反対に「君のことが好き」と言ったら仲良くなれる。これが宇宙の真理。

バットや道具も車も、お金も大切にしてあげると、「もの」は、喜ばれるとその人の味方をしてくれる。

—お金は綺麗に支払う！

払う＝お祓い＝神道のお祓いから来てる言葉で、邪気祓いの意味です。気持ちよくお金は払って邪気払い。お金の支払い方も、渋れば渋るほど自分の所に入って来なくなります。

—吉凶は動より生じる！

坂本龍馬も空海も、孫正義も動き回ってたくさんの人に会って世の中を変えてきた。同じ場所で同じ友達と付き合ってばかりでは、運もアイデアも、情報も新しくならない。

運動とは、運も動かないとやって来ないということですね。

—三感四恩八氣レイキの教え！

三感＝感動・感激・感謝。

四恩＝先祖・親に対する恩、人への恩、万物に対する恩、宇宙森羅万象に対する恩。

八氣＝肉体的には元氣、精神的には陽氣、何事もやる氣を持って、本氣で取り組み、根氣よく続け、勇氣を持って進めば、運氣・人氣が自然に高まり、仕事も順調、家庭も円滑、幸せに満ち溢れる、そんな人生をレイキなどを通じて実現しようというのが私たちの願い。

四　生まれた日と書いて《星》

—この項も信じる人だけ読んで頂ければいいですからね。

人にはそれぞれ生年月日がある。この生年月日は、もちろんだけど変えられない。人にはそれぞれ生まれた日で決まっている星がある。

だからよく、あの人は、～の星の下に生まれてきた。とか、スター性がある人など言うのである。

では、その星とは？　自分の生まれた生年月日で分かる。

人はお母さんのお腹に命を宿す前に神様に呼ばれ、この世で一番素敵で、最高だと思うお母さんを選びなさい、と言われる。

そこで、子どもは、上から母を見る。あのお母さんが楽しそうだな～。

あのお母さんを助けよう！　あのお母さんを元気にしよう！　などなどいろいろ見て選んでくるそうです。

どんな形であれ、赤ちゃんたちは、この世で一番最高！　と思えるお母さんを選んで命を宿してくれます。

だから、自分で選んだお母さんだから愛されたくて、こっち向いてほしくて、そして、お母さんに笑っていてほしくて、いろんな方法でメッセージを伝えにきてくれます。

そして、次に神様に、この世での宿題と命令を言い渡されます。これを宿命といいます。全ての星に共通して言えることとは、人生楽しみなさいということ。

神様も、私たちの身体の中にいるご先祖様も、楽しく生きている人が大好きだそう。だから、自分を大切にすることが、先祖供養であり、親孝行。

私の使命。～世の中を明るく元気に美しく～。

人生楽しく生きて、この世での旅を、しっかり楽しみきろう！

せっかく頂いた命なんだから、いつかこの世での使命が終わる時には生まれた時と同じように、きれいな身体で。

また楽しいあの世に戻ろう！

そう心に誓う。

だから、毎日身体へのお礼は欠かさない。


（高松市　女性　呉服店経営者）

五　母ちゃんの教え　その1

私は幼い頃から母と一緒に風呂に入ると必ず「身体にお礼を言いなさい」と言われて、母と一緒にやらされました。

身体だけではなく、オモチャにも教科書にも井戸水を汲む時も、ウンチにもオシッコにも、とにかく全てのものにお礼を言えと教えられました。全てが神様のものだからと躾られ、蚊さえ殺生することも呵られました。

「勝盛、蚊も神様が作られて、血を吸って生きている。お前がご飯を食べる時に、ご飯に食べられたら、どうする？」と説教されました。

神道では「万物一物」といって、全てのものは繋がっている、と教えられ岩も植物も魂があるといいます。現代最先端量子物理学でも「万物の素粒子ヒッグス粒子」が発見されて話題になっています。

イチロー選手や羽生結弦選手が、野球道具やスケートリンクに感謝をするのも、母の教えに近いものかと思います。

―なぜ身体にお礼を言うのか？

「あなたの身体は誰のもの？」

こう質問すると九〇パーセントの人が「私のもの」と答えてくれますね。

残念ながら科学的に間違いでした〜。

なぜなら科学的には生命誕生の神秘を語れば、父母の精子と卵子が運命的に一つになり、結果、母親の子宮内壁にたったひとつの胚芽細胞が着床する。これが受精で生命誕生の瞬間ですね。

このたったひとつの胚芽細胞はいったい誰のものでしょう？　答えは両親のものです。

そして、順調に母親の子宮で成長して一七兆個程度まで細胞が増えると、赤ちゃんが「産んでくれホルモン」を分泌して陣痛が始まり産道が開いて、めでたくこの世に私たちは誕生します。

成人すると約六〇兆個の細胞になるといわれていますが、残念ながら自分の細胞ではなく、両親の細胞を劣化しながら成長しているだけ、なんですね。

科学的にはこんな感じですね。

さらには、私たちの両親の先には一万年も、二万年もご先祖様たちが命懸けで赤ちゃんを産み続けてくれたお陰で、今の自分が存在しますね。そして細胞だけでは人にはならず、神様が魂を授けてくれて人になります。

平安時代には「靈止」と書いて「ヒト」と読みました。だから私たちの体は、実はこの身体は神様とご先祖が生きている間だけ貸してくれているレンタカーですね。レンタカーは借りたらお礼を言うのが当たり前ですね。

そして、レンタカーにはガソリン以外は入れてはダメでしょう。神様の作ってくれたレンタカーには、神様が作ってくれた食べ物しかいれてはいけませんね。

人間が作ったロボットに味噌汁を飲ませると壊れますね。ロボットには電気や油は必要ですね。

同じですよ。私たちは神様が作ってくれたから、神様が作ってくれた物しか栄養にならないのに、薬や添加物、怪しいサプリを飲んだり、食べたりして余計に身体を悪くしてることに気付かないと、あの世でご先祖や神様に叱られますからね。

レンタカーは右ハンドルで借りてるのに、左ハンドルで返したら怒られますね。しなくていい手術も控えるべきですね。同様にブルーのクルマを借りたのに、ピンクで返したら怒られますね。

整形手術は神様、ご先祖様が一番怒る行為ですね。七〇億人を違うように神様が作ってくれたのには訳があるからでしょう。

美の基準なんてありませんね。日本でタレントとしてスーパーボディも、スーパー美人もパプアニューギニアに行けば嫁の貰い手もありません。なぜなら一〇〇キロないと美人じゃないから。

明治時代の人は当たり前のように、このように考えて子供に伝えました。現代人は自分の命、体と勘違いしたために、薬も有害なサプリも、食品添加物も気にせず口に入れてしまいます。さらに借り物の体に刺青を入れたり、心が辛いと簡単に自殺をしてしまいます。

年間三万人以上が自殺をする国は、どう考えても変です。神仏からの借り物の身体ということを今こそ子供たちに伝えて欲しいと願います。

＊そしてあの世の話

お寺に行くと観音様が私たちに向かって手を合わせてくれていますね。生きている私たちが観音様に拝まれているのは変ですね。私は七歳の頃に不思議で母親に尋ねました。おふくろは明確に答えてくれました。

「お前が神仏だから観音様が、お前を拝んでくれている」と。

いつもお袋は私に言っていました。「母ちゃんが死んだら初七日は泣いておけ、鴨居の処から見ているから」と。

「四九日までは思い出話をしておけ、人間界と霊界の間で聞いているから、四九日が過ぎたら忘れろ、お前の中に入るから」と。

昔の人も同じことを言っていました。「ご先祖様に恥ずかしくない生き方をしろ！　お前の中で見ている、聞いている」と。

それから六〇年の間で、私は母の言っていたことを証明したくて仏教や、量子物理学を学んだりしましたが、ほんとうだったと近頃は確信しています。

信じる人は信じてくれたらいいと思いますが、無神論者は存在しないと信じています。存在するのは無知論者だと思います。

臨死体験をした人が、病室の斜め上の角度から医者や看護師を見たと証言することと、母の話は合致します。

そして六〇兆個の細胞が実は魂となると思います。だから万能細胞と呼ばれ、すべての細胞が目にも鼻にも脳にもなれることと合致します。

六〇兆個の魂は一旦、天国に昇り、四九日が過ぎると、一部が五次元世界の天国に残り、大半が私たちの体の中に戻ってきて、ご守護霊となってくれるのでしょう。その魂は元々、神様のモノですから、母の言った「お前自身が神仏」は間違ってなかったと思います。だから神仏同士がいがみあったり、憎んだりしては運も下がる訳ですね。

身体にお礼を言っているのではなく、お釈迦様も仰ったと言われる「自拝礼」＝自分の中の神仏に感謝することが、お風呂で身体にお礼を言う行為ですね。

神仏に毎日お風呂で感謝すると不思議と神仏のご加護が増えて、悪いことがあまり起こらなくなります。ありがたいことです。

さらに私たちの手の掌底から、いろんなエネルギーが出ていることも科学的にわかっています。癌細胞やセルライトを分解する力もあるといわれています。

身体にお礼を言うことは、身体を病気から予防したり治療する行為ですね。

「手当て」とは、原始人の頃に動物が身体を舐めるように手を当てて病気を治したことから、生まれた言葉ともいわれています。だから看護師さんの看の字は「手の目」と書くのでしょう。

私の健康法と運気向上の一番は毎晩、お風呂で身体に真剣にお礼を言うことです。お陰様で七二歳の今も、年間三〇〇日の出張をこなしても、健康で事故にも災禍にも遭わず、薬を飲むこともなく、体脂肪は六～九パーセント台を維持して、二〇歳代の体型も維持できています。

私は毎日自らの手で、ご先祖様、神様にお礼を言っている賜物と感謝しています。

怠け者の雄ライオンが美しい体をしているのも一日中、体を舐めているお陰でしょうね。

六　母ちゃんの教え　その2

「人に助けてもらう男になるな！」

「人を助けられる男になれ！」

「騙すより騙されろ！　あの世で褒められる」

母はお人好しでお節介でしたが、よく人に騙されていましたが、いつも「よかよか、あの人には前世でご迷惑をかけたから、今世でお返しができて良かった。これで業がひとつ消えた！」と言っていました。

「どんな時も私が最高と自分に言い聞かせろ」

「お前を創ってくれた神様と先祖が喜んでくれて、お前を助けてくれるから」

「自分を否定するのは神仏を否定することになるから」

「自惚れを忘れるな。自分に惚れるのと慢心自信過剰は違う。自分に惚れているから頑張れる」

「人に好かれて、運のいい人になれ」

「何にも執着するな。あの世に持って行けるのは思い出だけ」

「身体はご先祖さまと神様からの借り物」

※貧乏神の時、福の神の時（一三四頁・図表参照）
満年齢で見ます。
九歳台風　三〇メートル
一〇歳台風　四〇メートル
十一歳台風　三〇メートル
一二歳台風　一〇メートル（一二歳の一年は飛び立つ前の助走期間・以下同様です）
二〇～二三歳
三一～三四歳

四二〜四五歳
五三〜五六歳
六四〜六七歳
七五〜七八歳
八六〜八九歳
九七〜一〇〇歳

宇宙は電磁波で構成されています。そして宇宙全ては、波動と光粒子によって作られている。

ノーベル賞受賞者、現代量子波動物理学の父、マックス・プランク博士の言葉には、「人間も細胞が発生させる電気によって生命活動を行なう。脳波とデルタ波、シータ波、アルファ波などがあり、心臓はパルサー波で動く。地球も電磁場を持つから磁石は北を指す」すべては電磁波によるものです。

＊貧乏神の時とは

人生、山あり谷ありと、うまいことを昔の人は言いましたが、貧乏神の時と、福の神の時とは、まさにその通りの事象です。

新しい山に登るには一旦、谷に降りて、新しい山に登るのは当然ですね。そのように考えてもらえれば、わかりやすいと思います。

8歳〜41歳

貧乏神	9歳　30m/s 10歳　40m/s 11歳　30m/s	貧乏神	20歳　30m/s 21歳　40m/s 22歳　30m/s	貧乏神	31歳　30m/s 32歳　40m/s 33歳　30m/s
助走期間	12歳　10m/s	助走期間	23歳　10m/s	助走期間	34歳　10m/s
福の神	13歳〜19歳	福の神	24歳〜30歳	福の神	35歳〜41歳

42歳〜74歳

貧乏神	42歳　30m/s 43歳　40m/s 44歳　30m/s	貧乏神	53歳　30m/s 54歳　40m/s 55歳　30m/s	貧乏神	64歳　30m/s 65歳　40m/s 66歳　30m/s
助走期間	45歳　10m/s	助走期間	56歳　10m/s	助走期間	67歳　10m/s
福の神	46歳〜52歳	福の神	57歳〜63歳	福の神	68歳〜74歳

75歳〜

貧乏神	75歳　30m/s 76歳　40m/s 77歳　30m/s	貧乏神	86歳　30m/s 87歳　40m/s 88歳　30m/s	貧乏神	97歳　30m/s 98歳　40m/s 99歳　30m/s
助走期間	78歳　10m/s	助走期間	89歳　10m/s	助走期間	100歳　10m/s
福の神	79歳〜85歳	福の神	90歳〜96歳	福の神	101歳〜

無論、その時の災禍は当人の生き方、ご守護霊の差によって、その災禍も変化します。

このことを少し科学的に説明すると、宇宙の物質全ては電磁場（電気・磁気）の影響を受けることが原因となります。

個人が持つ電気的エネルギー波動数と、地球・宇宙が持つ電気的エネルギーがショートしやすい時期、といえます。

脳は電気的に動いていますが、この時期は、地球宇宙の電磁波とショートする時があるということです。自分の脳がショートすると、本来の自分を見失います。でもご本人は、それに気付かず行動してしまいます。

よく、あんないい人が人を殺すなんて！　という事件がありますが，当の本人は警察の調べで「頭が真っ白になって覚えてない」と答えたりします。

これを、昔の人は「魔が刺す時」と呼んでいました。

脳がショートして本当の自分の意思と違う行動

をしてしまうのです。

だから、この時期、男女が出会って、互いが、脳がショートしているのに気付かず、たった三日で結婚を決めて、「幸せだったのは一〇日間だけで、残りの三年間は離婚騒動でご主人はウツにもなりました」なんていうことがあるのです（某有名男優さんの話です）。

この三年は自分らしさを失ったり、気分も浮き沈みが激しくなったり、感情的になったり、好きになってはいけない人を好きになったり、と誤った判断をしやすいのです。

ここは神様がくれた充電期間で、報恩の時で、過去にお世話になった人へ感謝を伝えたり、お墓参りに行ったりする時期です。わかりやすく言うと台風の時です。

でも台風がきても港へ戻れば安全なのです。

だから、大きな変化はしてはいけない。新しいこともやらない方がいいのです。勉強や充電ならいい時期です。

例えば、大きな手術、結婚、離婚、出産、家を建てる、引っ越し、転職、健康診断（誤診が多い）などは避けるべきです。こんな時こそ、充電・待機・辛抱・報恩に充てるのです。

貧乏神の時で失敗した人は実に多いです。

これまで一〇万人近く鑑定してきましたが、貧乏神の時に出会い結婚した人の九〇パーセントは離婚しています。

また、大きな災害での死亡者をこれまで調べてきましたが、亡くなった方の七〇パーセント程度は貧乏神の時の人たちでした。

これから、このことを意識してニュースをご覧になるとわかると思います。

芸能人、政治家、スポーツ選手の事例も多くありますが、プライバシーの問題もあり掲載するのは控えさせて頂きますが……。

それでも貧乏神の時でも、金メダル取る人も多いのは、以前からやってることを真面目にやってると花が咲く時でもあるのです。

ゴムも伸ばしっぱなしでは切れるのと同じで、神様が休憩をくれている時と思って、少しは過去を振り返って、未来への充電の時と思って、穏やかに、焦らず、怒らず、人と争わず、大きな変化を求めずに、変な儲け話や、誘惑に乗らないで心身ともに磨く時期だと思って過ごしてください。

台風が来た時は、港に停泊していれば風や荒波も防ぐことができます。

＊厄年なんてないからね～

本来の厄年の意味は役が増えるという意味です。

一九歳は、そろそろ嫁という役をもらえってと言う意味。

三三歳は、なかなか嫁ぎ先で名前を呼んでもらえず、「嫁」と呼ばれていたのが、「花子」と名前で呼んでもらえるようになります

三七歳はそれまでは台所はお姑さんが牛耳っていたが、シャモジを渡され、今日から嫁が台所の責任者になるという意味です。

よくある嘘の迷信で金儲けをする有名な神社、寺、占い師は信じてはいけません。

ＮＨＫの人気番組「チコちゃんに叱られる」でも同様のことを言ってましたよ。

＊貧乏神の時は怖くない！

知ってしまえは対策は可能、港でのんびりあなたの船にガソリンを入れる時と思って穏やかに未来に備える時です。

最後の一年は滑走路期間で貧乏神とは見なさないが、飛び立つ前にパワーがいる時で、逆に油断大敵の時。変化は問題ないのです。

神様は優しいから、休憩の充電期間を三年間、助走期間を一年間、そして飛躍の福の神の時を六年間与えてくれます。これを「時を知る」ということです。

人生にも体調にも、すべてリズムがありますからね。

※当協会ではこのように個々のメンバーの星や宿命、福の神・貧乏神の時の対処法なども、無料で詳しく要望があれば教えています。心配な時は遠慮なく私に連絡して下さいね。後の祭りは困りますからね。

星宿命の時の内容は一冊の本にできますが、対面で話さないと誤解も生じるので、対面での鑑定のみにしています。

「お母ちゃんの教え　その一、その二」にも関連しますが、三つの感謝（三感）を改めて紹介します。

＊朝起きて

自分の母方のご先祖様、父方のご先祖様、配偶者を思い浮かべて、「目が覚めたことに感謝！今日も一族を守ってくださりありがとうございます」

＊お風呂で

頭の上から下、身体すべての部位（名称がわかれば、例えば腕、胸と言って）に手を当てて声に出してお礼を言う（わからなければ「ここも」でも可）。「髪の毛も綺麗でありがとう。脳も完全に動いてくれてありがとう」

＊就寝前に

配偶者の両親、自身の両親、子ども、孫、兄弟姉妹、配偶者、自分自身などの顔を思い出しながら「今日も一族を守ってくれてありがとう」

第八章　嬉しい報告、そして授乳期のお母さん方へ

一　嬉しい報告

＊主人のアルコール依存症が完治

今年の一〇月、〇〇店のイベントで、長先生がアルコール依存症で入院している主人に遠隔をして頂きました。遠隔をして頂いてから、血糖値も正常、肝臓も良くなり、看護師さんから、入院したばかりのご主人とは、まるで別人ね。性格も大人しくなってビックリしていました。遠隔する前は、かなり精神状態もひどかったのに、今では元気になり、笑顔でお話が出来るようになりました。以前の状態が嘘のようです。そして、今週中には退院する事になりました。長先生の遠隔、凄く！　ありがたかったです。長先生、有り難うございました。感謝！　感謝です。話が長くなって済みません。

―二〇二〇・一二・二〇　福島県　五〇代主婦　ヒーラー　池田さんより

＊乳がん消滅
ともこさん、いつもありがとうございます。

嬉し過ぎる報告をさせていただきます！

私は一年前、乳がんステージ4と、診断されました。

診断されたと同時に、長先生からレイキの伝授をして頂き、抗癌剤は拒否し、レイキヒーリングをメインに、生活習慣の改善、心の持ち方の勉強などをしてきました。

ちょうど一年になるのですが、先日、腫瘍マーカーが、正常値になりました。

そして、一年前よりも、元気に生活を送ることが出来ております。

本当に、感謝しております。

これは、不思議な話とか、奇跡ではなく、長先生のおっしゃる量子力学を勉強したら、納得いくことだと確信しております。

もし、ご病気で悩んでいらっしゃる方がいましたら、諦めないで欲しいです。

レイキヒーリング、長先生から教えていただけること、本当に素晴らしいと思います。

ありがとうございました。

―二〇二〇・一一・二〇　香川県　介護士　ヒーラー　小川さんより

＊腫瘍縮小
一二歳の男の子、先天性の脳腫瘍が原因で、眼球を圧迫して目が見えなくなる難病で不治の

病と言われています。

十一月一四日にレイキヒーラーになられた○○君のお母様から嬉しい報告を添付します。

今日、○○の病院の日だったのですが、右目の腫瘍は小さいので抗がん剤はせず、通院で様子見にきまりました。先月までは、抗がん剤をして最短半年は入院かも？　となっていたので、通院で様子見になり喜んでいます。

長先生はじめ皆さまの遠隔レイキのお陰です。本当にありがとうございます。

今回、お母様と○○君の親子でレイキを取得することができました。

皆さま、遠隔を送ってくださりありがとうございます。

以上、ご報告でした（ありがとう）。

——二〇二〇・十一・二六　高松市　片居さん　ティチャーさんより

＊受講の感想

私がレイキを知ったのは長先生からです。それからずっと長先生からレイキを伝授して貰いたいと思いながらも、そこには至らず、他の人からレイキを伝授して貰うこととなり講習を受けました。レベル1・2は一日で。レベル3は数カ月後に受けました。

講習内容はテキストが配られ、それに沿っての説明がされるだけ。大切な所は自分で復習する。実践はほとんどなく、レイキの白い雨が空から降り、身体全体に流れ込み抜けて行くことのイメージくらいでした。私は、レベル3まで取得しました。しかし、テキストを見てレイキを活用して下さいとの教えに、せっかくレイキ取得したのに無駄になってしまうと感じるようになりました。再び、長先生に逢ってレイキの話をしたいと願うようになりました。するとチャンス到来！

二〇一八年十一月四日。数年ぶりに長先生と再会し、先生からの導きで高松でのレイキ講習会の参加が決定。十一月二三日、念願の長先生からのレイキ伝授。見事合格。

長先生のレイキ伝授講習はレベル1〜3まで1日で取得させてくれます。おまけに何とびっくり受講料は他より安い。

講習本番またまたビックリ。私自身の中にスットン、スットンと入り込む不思議な感覚。講習内容はレイキのことだけでなく、人生の歩み方や身体や健康に関すること、世の中に関することを分かりやすく教示くださいました。堅苦しさもなく現場は和やかに笑いを交えた雰囲気の中、実践を行ないながらの講習会でした。

長先生のお陰様で高松の皆さんとの良きご縁が繋がりました。本当にありがとうございます。

—徳島県　楠本さん　五〇代　看護師女性ヒーラーさんより

＊気を抜かれ腕の力がなくなる
初対面の長先生に、「君は見えない世界を信じてないね。では今から君の気を抜くからね」って言われ、まさかそんなことできるわけないと内心で思っていました。

「腕を伸ばして思い切り力を入れて私が指二本で、腕を下げるから頑張ってね」と言われ、その通り先生に腕を下げられました。

当然、腕には力が入っているのに簡単に下に腕が下りる訳はありません。

次の瞬間、先生が私の腕で空気を払われ、そしてもう一度、指二本で私の腕を下げられました。

今度は全く力が入らず、身体ごと振り回されてしまって、正直ビックリ仰天してしまいました。

先生は「君の電気的エネルギー波動数を変えたからね」と簡単に言われましたが、私にとって未知の体験でレイキの底知れない力を信じる出会いとなりました。

―二〇二〇・六・八　福岡県　河村さん　三〇代　男性ボディビルインストラクター　ヒーラーさんより

＊霊氣で学力向上

嬉しい報告をさせていただきます。

現在小学校三年生、昨年レイキヒーラーになった孫の報告をさせていただきます。

宿題をしなさいと言うと、ヤダヤダと親の言うことは聞かない。いったいこの子はどうなるんだろうと思っていた時に、長先生からの子どもがレイキをとると一〇〇点とってくるからねって、お言葉……。

うそうそ、絶対にそんなことないって、私は半信半疑でした（先生すみません）。

孫がレイキヒーラーになってから、先生の言われいてたようにガラリと変わりました。

学校から帰ると即、宿題を始めるし、テストで一〇〇点いっぱいとって帰るし、クラスでいつも先頭に立って動いているみたいで、先生からお褒めの言葉を頂いてます。困っている子を助けているって……。嘘でしょ？　自分のことも出来なかった子が……。今は、学級委員をしてます。レイキのお陰でスイッチ入ったみたいです。先生、ありがとうございます。

レイキヒーラーになるには早い方が良いと孫をみてて思いました。

―広島県　平林さん　会社役員　六〇代　女性ヒーラーさんより

＊今晩は

長先生、お元氣様です。

今日でレイキヒーラーになって一か月になります！　この一か月間でレイキが本当に凄いと感じたことがいくつかありました。

―私の家の横の土地をある住宅会社が購入し、家を四棟建てる計画をしているんです。その際に、うちの壁の件で二か月ほど揉めていたのですが……（工事のやり取りがきちんと出来ていなくて）。

そんな中、一か月前に新宿でレイキの勉強をし、先輩の体験談で「騒音で迷惑な隣の家に向かってチョクレイをしたら、静かになった」と言うのを聞いて、次の日、私も隣の土地に向かってチョクレイをしたんです。するといきなり揉める事なく解決する方法を提案する電話がかかってきて、今ではスムーズに工事が進んでいます。今まで何だったんだろう？　というくらいスムーズに進んでいるので、とてもびっくりしました。これが一番初めに感じたびっくりしたことでした。

—うちにはメダカがいるのですが、一匹だけ横たわって弱っていて、駄目かもしれない、という感じだったのですが……、チョクレイをして様子を見ていたら復活して今では元気にいっぱい泳いでいます。

—長先生が植物は良いよ、とおっしゃっていましたが、実はこの春のコロナで自粛期間中に家で何かしたくて、観葉植物を初めて購入したんです。それが今では色々な観葉植物が私の部屋にはあり、趣味になっているのですが、植物にチョクレイしてごらん？　とのことで実践してみたら、冬は休眠時期なのに、どんどん新芽が出て来るんです！　これにもびっくりしていて毎日の成長を観察するのがとても楽しくて今凄く、癒されてます。

—群馬県　小林さん　経営者　四〇代　女性ヒーラーさんより

＊パニック障害です！

大学四年の春に、一人で車の運転中にいきなり動悸と気が遠のく感じと、震えと息苦しさに襲われて、そのまま病院に運ばれて、「パニック障害ですね！」と診断されてから、長先生と出会うこの九年間、パニック障害にずっと悩まされてきました。

運転が怖い。人混みが嫌だ。苦しい。近所のスーパーすら行けない。毎日死ぬかもしれないと思う。こんな日々をずっと過ごしていました。病院にいけば、薬が出されるだけ。薬を飲めば落ち着く。だからお守りとして薬は必ず持ち歩く。

でも一方で、私はなんでこんなになっちゃったんだって、治らないのかなって、毎日毎日考えていました。でもバイオパルサーで長先生に初めてお会いし、レイキをして頂き、そんなことを思わなくなったんです。

あの時は不思議で仕方がありませんでした。なので絶対ヒーラーになろうと決めたのですが、ヒーラーになった今、一度もパニックになっていないんです。凄いです。

本当に救われました……私は。

神の子、私は最高の存在、歯磨きをするたびに、これを毎日言うようにしています。

長先生には本当に！　本当に！　感謝しかありません。ありがとうございました。

長先生から教えて頂くレイキLINEでのメッセージ、読んで学ぶ事が沢山あります。いつもありがとうございます。

来年は、私は貧乏神に入ります。毎日しっかり感謝して過ごしていきたいと思います。

そして、これからもレイキを活用していきたいと思います。

夜分遅くの長文、申し訳ありませんでした。

―群馬県　新藤さん　保育士　二〇代　女性ヒーラーさんより

＊相続問題の悩み

今、相続問題で悩んでいる方々が多いと聞きます。

わが家もまさか？　とは思っていましたが、現実になってしまいました。兄だけでしたら穏やかに済んだはずが、兄嫁が出てきたことで揉めて追い込まれる日々でした。

そのうち、裁判所に行くことにもなりました。でも、第三者に入ってもらった方がいいという気持ちになり、そこから亡母に使った出金記録を整理する大変な作業が始まりました。

約五年間の記録は三月の調停では出すことができずに、次回へ持ち越すことになりました。

二回目の調停は一〇月でした。

その前日、長先生と別の件でラインのやり取りをしていまして……。

「明日、兄との調停で裁判所に行っています」と言った途端、先生から、「遠隔送ります」のひと言。嬉しいやらビックリするやらで、戸惑ってしまいました。

今までレイキの資格を取ってからは、先生に甘えることなく自分の力で遠隔などを使って高めようと思っていましたが……。今回ばかりは完敗でした。

二度目の調停で何とか兄と和解。

最初は何が起こったかわからず……。裁判所の方が「お兄さんが金額提示されましたが、どうですか？」と言われてビックリ！

その後、兄が部屋に入ってきてひと言「すまなかったね」で号泣でした。

長先生の遠隔の力に改めて驚き、感謝でした！

五年間の現金収支も完全に仕上げながらも、出す必要もなくなり腑抜けの状態でしたが、それよりも何よりも兄と和解できたことが大きな喜びとなりました。

兄との縁を切ることもなく、ずっと相続で揉めることもなく終了したことに感謝です。

歌手ユーミンの歌詞に「すべてのことはメッセージ」とあります。しっかりメッセージとして受け取ったことに感謝しての解決でした。先生、本当にありがとうございました。

皆さまもメッセージを受け取っても解決せず、苦しくなる前に、とっても優しい長先生に相談してみてネ。長々と読んで下さりありがとうございました。

これからも、レイキを活かして悩んでいる人の力になれるように精進します。

—二〇二二・一二・三一　群馬県　六〇代女性　小林さん　経営者ヒーラーさんより

＊ワンちゃんの嬉しい報告

私も長先生に救って頂いた一人です。先生は人だけではなく動物だって、何だって命あるものは救って下さいます。うちのワンちゃん、覚悟しないといけない状態だったし、病院の方も入院も受けてもらえないくらいだったのですが、長先生におすがりして、遠隔して頂いて、昨日、確実に良い方向に向かっているって言って頂けました。全然なかった食欲もずいぶん戻ってきました。ただ病院の先生は血液検査の結果は良くないのに？　って凄く不思議そうでした。なので薬もワンちゃんがずっと前から嫌がっていたので、はっきり先生に飲ませてないことも伝えたので、余計不思議そうでした。

長先生のお陰様で本当に奇跡を頂けるので、あとは自分の心だけだと。動物とか子どもは正直だから見習わなくてはと思っています。長先生、本当にお元気様の日々を頂けてありがとうございます。感謝させて頂いています。私も最高に嬉しい報告をさせて頂け、とっても嬉しいです。

—福島県　主婦　吉田さん　六〇代　女性ヒーラーさんより

＊子どもたちへ靈氣伝授

本当にすごいですね!!

素晴らしいお話で、私も感動を共有させていただきました。

長先生が「小さい子どもから、若い世代からレイキヒーラーに」と仰る理由もこういうことなのですね。

―星が早いうちに分かる
―自分も親御さんも、大きく道を外れることがない
―迷ったら相談できる
―内なる自分の意志が分かる
―合わない価値観に翻弄されない
―自信を持って自分の人生を生きられる
―結果が出る
―周囲にも良い影響（波動）

―広島県　主婦　長田さん　七〇代　ヒーラーさんより

＊レイキ習得後一年の嬉しい報告

おはようございます。

五九歳になりました。

長先生に出逢えてレイキを伝授して頂き、パパラチア を身につけて、腸内エキスで元気

を保ち、この一年で大変大きく成長しました。

些細なことも心配することなく、怒ることもなくなった自分が不思議です。ありがとうございます。本当に感謝。

これからもどうぞよろしくお願いします。


―長野県　介護士　後藤さん　五〇代女性　経営者　ヒーラーさんより

＊徳儲けに励みます

星の宿命として、しっかりと徳儲けして孫に運を残すように先生に言われました。

これからも人助けに精を出して、徳儲けたくさんしていきます。

ありがとうございます。


―広島県　徳永さん　五〇代男性　経営者　ヒーラーさんより

＊嬉しい報告！　星らしく天職に就いた女の子

長先生、お元気様ですか。

昨日はバイオパルサーに参加できず、すみませんでした。

次回はぜひ行かせていただきたいと思っています。

そして、今日、専門学校を卒業させていただきました。

長先生に初めて会ったとき、看護の仕事が天職ということを教えていただき、今の学校に進むことができました。

三年間、地道にコツコツ学ぶことができ、無事に看護師になるところまで来ました。これも、私の両親、姉やご先祖様、そして色んな方の支えがあったお陰様だと思います。長先生からのお教えで私は今とても幸せでいっぱいです。

全ての人に感謝を込めて、これから社会人として、全ての人に恩を返して頑張っていきたいと思います。

※小学生の時から星と宿命を教えて天職は看護師と教え、素直にその通り天職に就いてくれた三重県二十歳ヒーラーさんからの嬉しい報告でした。

——二〇二〇年三月六日　三重県　浜口さん　二〇代女性　ヒーラーさんより

※バイオパルサーとは私が数十年間前から研究してきた「生体波動測定器」による人体の波動を測定するドイツの波動測定器のことです。これが私の本業のひとつです。

＊無事に元気な赤ちゃん、産みました。

こんばんは。みなさんお元気ですか。

残すところ今年もあと少しですね！

私も嬉しいことがありましたので、ご報告させて頂きます。

以前、妊娠をして逆子だった際に、長先生に遠隔をして頂いたお蔭で元の位置に戻ったと報告した者です。

今月、無事に元気な赤ちゃんを産むことができました。初産だったため、時間はかかってしまいましたが、自然分娩で産むことができました。

出産中はアクセサリーをつけられないので、パパラチアと長先生のカードを立ち合った主人に使ってもらい出産頑張りました！

長先生にもすぐに生まれたことを報告させて頂きました。先生にも喜んで頂き、その後の私の身体の様子や赤ちゃんの身体、母乳の心配までして下さった長先生。

産後ですが、出産時の傷など身体がボロボロだったので、毎日遠隔をしてくださり、だんだんと回復に向かっています。

母乳に関しては、長先生に母乳が出る体操も教えて頂き、幸いなことにミルクなしで母乳だけで育てられそうです。腸内エキスを一滴たらしてから飲ませていますが、赤ちゃんも今のところ健康に元気いっぱい過ごせています。

嬉しかったこと、凄いなぁ～と思った話はここからです。

産後に退院してから一週間健診がありますが、その際に母乳の様子やトラブルがないかと、おっぱいのマッサージがありました。

その後、何日も私の場合は、逆に乳首が痛くなってしまい……、母乳をあげるのも痛みを我慢してあげていました。

「その後、どうですか？」と長先生からの連絡。

母乳のトラブルの、その話をしたら、長先生にご連絡を頂き、ＬＩＮＥ（ライン）でのテレビ電話を頂きました。両手の平の真ん中を痛い場所に当ててレイキをして頂きました。

すると、だんだん熱くなってくるのがわかるんです！

「痛いところを触ってごらん」とのことで、触るとまったく痛くなく、ビックリしました！

その後、母乳をあげても痛くないんです！　ええええぇ～すご～いと、驚きました。痛みなく母乳をあげられることに嬉しくなりました。

そして赤ちゃんもここ数日、イビキをかくようになり心配なんです、とお伝えしたら、赤ちゃんにレイキをしてくださいました。グズってなかなか寝なかった赤ちゃんが、何と、その場ですぐに寝てしまい、その日は夜中泣くこともなく、ぐっすり。イビキもかかずに寝ていて、これもビックリ！

長先生のパワーは本当に凄いです。

レイキは凄いな～と改めて感じ、嬉しい＋凄いと感じたので、みなさんに報告させて頂きます。

先日、山田ティーチャーに調律をして頂き、産後の身体もとてもスッキリした気持ちになりました。

出産を控えた私に遠隔を毎回送ってくださっていました。ありがとうございました。

うまくまとまりませんが、この一年間、感謝の一年でもありました。

本当にありがとうございました。

最後まで読んで頂きありがとうございます。

みなさま、良いお年をお迎えください。

―二〇一二・一二・三一　群馬県　新藤さん　二〇代主婦　ヒーラーさんより

＊嬉しいことがありました

私事で恐縮ですが、嬉しいことがありましたので、みなさまにも報告させて頂きます。

私は現在、妊娠八か月（二九週）です。

妊娠前は生理不順だったこともあり、病院に行って検査をしたり、生理痛にも悩まされていました。酷い時はうずくまり立てず、仕事にも影響が出るほどです。痛ければ毎回、ロキソニンを飲む。そんな生活を学生時代からずっとしていました。

ある日、長先生と出会い、いろいろと教えて頂き、思い切って薬を飲まない生活に切り替えました。《痛み止めを飲まないなんて痛みに耐えられない！　ありえない》と正直思っていましたが、自分もレイキヒーラーになり、日頃からセルフレイキをしたり、家族にレイキをしてもらったり、酷い時には長先生にも遠隔をお願いしていました。

＊痛い所を保冷剤で冷やす

＊セルフレイキをする

この二つを行ない続けて一年。薬に頼っていた身体も、薬に頼らずに過ごすことができるようになりました。

結婚もして数年経ったのでいろいろと心配はしていたのですが、今年の四月頃のことです。妊娠していることがわかりました。

妊娠初期はつわりや出血してしまうことも数回ありましたが、何とか安定期まで過ごすことができました。

ですが、二週間前の健診で「逆子ですね。このままだと帝王切開かな」とお話を受け、逆子体操を教えてもらい、その日は帰宅しました。

妊娠してからは健診があるごとに、状況を毎回、長先生に報告させて頂いたので、逆子の報告もさせて頂きました。長先生は毎日遠隔を送ってくださりました（遠隔を送ってくださっている時は赤ちゃんが凄く動き始めるのがわかります）。

長先生からその後、「そろそろ定位置に戻ったかな？」と連絡を頂いた時にお腹に手を当てると、下腹部あたりに頭があるような感触もあったのでびっくりしました。

それからまた数日後の昨日の健診。ドキドキしながらモニターを見ていたら、やはり逆子が治っていたんです。びっくりしました。

逆子体操も苦しくて行えずにいましたが……、長先生の遠隔パワーで治りました。長先生が、私で逆子を治したのは三〇名だそうです。

日頃からたくさんのアドバイスや情報を頂いたり、気にかけて下さり、困った時には必ず助けて下さる長先生には感謝しかありません。ありがとうございます。

一二月に出産予定です！　引き続きレイキを活用し、元気な赤ちゃんを産もうと思います。

レイキの素晴らしさを改めて感じ、嬉しかったのでみなさまにも報告させて頂きます。

お忙しい中、最後まで読んで下さりありがとうございました。

―二〇二二・一〇　群馬県　新藤さん　二〇代主婦　ヒーラーさんより

＊嬉しい報告　乳がん

長先生、いつも貴重なお話ありがとうございます。

乳がんステージ4の診断を受け、レイキとの出会いがあり、セルフレイキをしながら日々、自分の身体を大切にするように過ごして参りました。

ドクターの抗がん剤での治療を説得してくる姿勢に心が揺らぎそうになる時もありましたが、長先生の「抗がん剤は⁉」と言う声を思い出し、自分の病気は自分で治す！　と決断し、抗がん剤はしません！　と、ドクターに宣言して、肉類全般、乳製品を止めて「まごわやさしいこ」の食生活に変えて、腸内エキスを飲んで、セルフレイキを行ない、ご先祖様と自分の身体に感謝して過ごしました。

すると、乳がん宣告を受けてから五年になりますが、風邪ひとつ引かず、もちろんコロナにもかからず、毎日元気に過ごしております。

仕事柄（看護師）、がんで、ご家族を亡くされた方に多く出会いますが、お話を聞くと全員、抗がん剤をしています。

がんでは、死なないんだ！　と、自分の体で証明できていると思っています。

今の日本では、抗がん剤は⁉　と言ってくれることは、非常に危険なことだと思いますが、そんなことは関係なく、真実を伝えて下さる長先生に感謝しております。


—二〇二三・一・五　香川県　三〇代看護師　女性ヒーラーさんより

二　授乳中のお母さん方へ（要永久保存）

＊第０の脳「皮膚」　ＮＨＫ「ヒューマニエンス　地球四〇億年のたくらみ」より
—授乳中のスタイル
赤ちゃんは裸、お母さんも半裸で授乳して下さい。

統計学的に無駄泣き、グズリ、ワガママが圧倒的に少なくなります。

赤ちゃんは子宮の中で四、五週目には、肌の感覚が発達して、自分と外部の違いを身体の皮膚や、手のひらで理解をするようになります。

双子の赤ちゃんはお互いを触れ合っています。

皮膚は脳と同じように「オキシトシン（幸せホルモン）」を分泌している驚きの事実がわかりました。

母子ともに裸で触れ合っていると、母子ともにオキシトシンが分泌されることがわかっています。

裸族の乳飲み子はみんなワガママ反応がなく、育てやすいことがわかっています。

服や肌着を着ていての接触では、オキシトシンはあまり分泌されないのです。

＊皮膚の驚くべき才能　ベビーピンクの力！

人類の皮膚感覚（触覚）は、体毛が少なくなることで発展しました。

感覚とは皮膚が直接感じている。知覚とは皮膚を通して脳が感じています。

皮膚は光（波動）も感じていて色も識別しています。

だからベビーピンクの下着やシーツ、布団カバーはミトコンドリアの活性化に繋がり、薄いブルーを枕カバーに使うと、体内の窒素が増えて沈静効果があり、血圧を調整しています。

さらに皮膚は音も認知して、味覚さえあることがわかったのです。

超高周波音を皮膚が感じると安心感、温もり、幸福感が深まることも立証されました（自然界の音・波の音・川のせせらぎの音・森の音・小鳥や虫のさえずり）。

さらには、嗅覚もあるらしい。

白檀の木の香りを傷口に与えると治りが早くなります。

◎優しくマッサージ・霊氣されると一酸化窒素が分泌されて血管を広げる効果があります。血流が良くなり体温が上がり幸福感・安心感が増します。
◎アジア人の皮膚は白人黒人よりも、格段と柔らかくきめが細かい。その上が日本人の肌であるといわれています。
◎皮膚感覚が日本人は特に発達しているから、肌感覚とか、空気を読むなどの言葉があります。

◎出来るだけ触覚・視覚・味覚・聴覚・嗅覚まで備わっている肌は、化学物質で作られた肌着や服で被わないで、自然素材で包んで上げたい。許されるなら裸族が一番の皮膚の感性を高めることにつながります。

＊「優しさが故の厳しさ」宮本武蔵の言葉

「叱る」→この字はＧＨＱマッカーサーが作ったフェイク漢字。日本語に非ず！　戦前の「呵る」がこの字です。可能性があるから口で諭すの意味です。

愛の反対語は無関心！　あなたを呵ってくれる人はあなたに関心があるから呵ってくれることを忘れずに！

戦前の子供は親、先生に呵られたら「ありがとうございます」と答えました。愛があるから呵ることができるのです。

所詮、人間は八方美人だからね。嫌われることも覚悟できて、且つ相手の成長を本気で願うから呵ることができるのです。お子さん、お孫さんに教えて下さい。

そんな子供はどこにいても好かれますからね。「人に好かれて運の良い子」を育てて下さいね――

二　レイキの効果（高田ハワヨ先生）

目や鼻、口に手当

身体的効果↓内分泌系の中枢を調和する（脳下垂体・松果体）。

目・口・鼻に関する障害

心理的効果↓社会的ストレスの緩和・個人的な深い感情の解放。

リラックス・集中力の強化。

意識・精神的効果↓内的意識への気付き・宇宙エネルギーへの目覚め・瞑想を深める。

こめかみ・側頭部

身体的効果↓内分泌系の中枢を調和、三叉神経障害・頭痛。

心理的↓左右脳のバランス調和。学習能力の推進・ストレス・ヒステリーの解消。

意識精神的↓宇宙意識の拡大、直感力向上、受容性の拡大。

前頭葉・後頭部

身体的↓視覚・言語障害・運動神経の向上・頭痛解消・脳脊髄の活性化。

心理的↓恐れ・ショック・その他からの解放・アイデア・考え方などの明確化・幸福感拡大。

意識精神的↓自己の解放・俯瞰力、洞察力の向上。

首、喉

身体的→血圧障害、脳の血流改善。甲状腺、喉の扁桃腺の障害。
心理的→怒り、緊張、不安からの解放、自己の感情の安定と表現の向上。
意識精神的→コミュニケーション 能力向上。

胸部

身体的→心臓・肺の障害、免疫力・ホルモン（胸腺）血液循環。
心理的→愛の増幅・感情の調和。信頼と受容の拡大、不安から解放。
意識精神的→至福の喜び・慈愛の覚醒。

みぞおち

身体的→胃腸，肝臓、内臓の障害。
心理的→社会的ストレスからの受容力向上・トラウマ解放・恐怖心解放。
意識精神的→平静と安心・高次元のエネルギーとの繋がり。

おへそ付近

身体的→十二指腸・小腸・大腸・腹膜などの障害。
心理的→安心、丹田安定、自信、泰然自若。
意識精神的→内的意識力の拡大。

鼠蹊《そけいぶ》部付近

身体的→大腸小腸直腸、膀胱、子宮・卵巣・前立腺・盲腸・鼠蹊部、股関節等の障害。
心理的→柔軟順応性向上・勇気の向上・異性への感情の解放。
意識精神的→こだわりからの解放。宇宙意識の拡大。

背面上部（首・肩）
身体的↓脳脊髄神経、首、肩、背面上部の筋肉障害。
心理的↓リラックス・緩和。
意識精神的↓コミュニケーションの拡大。
背骨（みぞおちの裏側）
身体的↓肩甲骨稼働障害、呼吸障害。
心理的↓恐怖緊張からの解放。
意識精神的↓平常心向上。
背中（腎臓付近）
身体的↓腎臓副腎の障害、腰痛。
心理的↓鬱病・パニック障害。
意識精神的↓意識の解放。
腰
身体的↓腰痛・尾骶骨・S字結腸・直腸
心理的↓鼠蹊部と同じ。
意識精神的↓鼠蹊部と同じ。

終章　番外編

一　国際波動科学研究機構とは

最先端の量子力学と超ひも理論の示唆するところによると、この世のすべての物質・非物質・現象は、固有の振動数と波形でたえず振動しています。

すなわち、物質のみならず、人間の肉体も、意識も、心も、さらに経済活動や文明さえも、目に見える、見えないにかかわらず、この世の森羅万象は波動を出し、固有振動数で振動しているのです。

国際波動科学研究機構ホームページ
Research Organization of International Wave Science（ROIWS）
設立　平成二七年四月一日 理事長・元島栖二
（理事）岐阜大学名誉教授・（一社）日本ヘリカルサイエンス学会会長・ヘリカル統合医療

学会会長・（株）ＣＭＣ総合研究所代表取締

「波動」と聞いただけで、多くの人が、新興宗教的、うさんくささそう、眉唾的、訳の分からないもの、など素直に耳を傾けてくれず、拒否反応を示す。

一方、病は気から、波動が合う、プラシーボ効果、霊感、直感など目に見えない現象、科学的に説明がつけられない現象が多いことも一般に認識されている。

本学会では、波動あるいは波動の共鳴現象と、その見える化（可視化）技術、あるいは見えない現象を科学的視点に立って検証し、「見えないものを科学する」ことにより、一般の人にもわかりやすく、また、科学者にも理解が十分進み、それを広く活用できる社会を構築することを目標とする。

―設立趣旨―

マックス・プランクの量子論・量子力学は、分子、原子、電子、素粒子などのミクロな世界の法則を解き明かす学問である。その根源は、「すべては振動であり、その影響である。現実には何の物質も存在しない。すべてのもの、おのおののものは、振動から構成されている」という。

一方、一般相対性理論は、宇宙というマクロの世界の性質や運動、それらを包み込む広大な時間と空間（時空）を記述する学問である。

近年、量子論・量子力学と一般相対性理論を統合する新しい理論である「超ひも理論」

(Super String Theory) が注目されている。

この超ひも理論では、宇宙・物質の究極の要素は、粒子ではなく、超微小の振動する「ひも」であり、森羅万象は振動する超微小の「ひも」からなっていると考える理論である。宇宙の根源は、振動する超微小の「ひも」からできており振動しているという。

すなわち、この世の中のあらゆる物質、非物質、現象は、絶えず固有の振動数でもって振動し、その固有振動数で発信していることになる。

もちろん、物質だけでなく、人間の意識も、心も、肉体も、あるいは経済活動も、文明も、つまり目に見える物体も見えない現象も、この世の森羅万象は、すべて波動を出し、固有振動数で振動しているのである。

発信された波動の振動数が同じ場合には、互いに共振・共鳴するという電磁気学の基本現象が起こる。

波動あるいは電磁波は人間の目には見えないし、共振・共鳴現象も直接見ることはできないので、一般の人の意識の上に乗せるには目に見えるようにする、すなわち「見える化（可視化）」する必要がある。

この方法を十分として、古くから、ダウジング（地中探査）法が、地中に隠れた水源、金鉱脈、油田、断層等を探し当てるのに使用されている。

最近、波動の共振共鳴現象を用いて健康チェックを行なう方法が注目されている。

例えば、ドイツの振動医学の基本原理として用いられているパウル・シュミットが開発したバイオレゾナンス（生体共鳴）法では、波動を目に見えるようにするために、螺旋状のアンテナのついた金属製ロッド（波動センサー）の動きの状態を用いている。

また、大村恵昭教授が開発したオーリングテスト法（BDORT, Bidigital O-ring Test）では、共鳴現象が起こると、被験者の指の筋肉が弛緩し二つの指でつくったリング（Oリング）が、検査者が左右に引っ張ると簡単に開いてしまうという方法を用いている。

その他、矢山利彦医師が開発したバイオレゾナンス法なども広く用いられている。

これらの方法を十分理解するには、科学的な視点に立っての検証が必要であるが、現状では十分ではない。

また、病は気から、波動が合う、プラシーボ効果、霊感など目に見えない現象、科学的に説明がつけられない現象が多いことも一般に認められている。

本学会では、科学的な視点に立ってこれらの波動法、あるいは目に見えない現象を科学的に検証し、一般の人にもわかりやすい論理を構築することを目標とする。

（事務局）〒501 1193　岐阜市福光東一―一三―一三
（株）CMC総合研究所本社内（☎+ファックス　058　231　3823）
（e-mail）smotojima.cmcard@salsa.ocn.ne.jp（URL）http://cmcard.jp/

二　レイキ用語集

アチューメント（アチューンメント）＝レイキを学ぶ時にこれまで閉じていた身体にある宇宙エネルギーの通る回路（チャクラ、エネルギーの通る道）を開く手順。伝授者によって頭頂から七つのエネルギー回路に宇宙エネルギーを受け取り、流せるようにするための波動の調整の意味。

アファーメーション＝願望達成、能力開発などを肯定的に断言すること。「大学に合格しました！　ありがとうございました！」「私は自信に溢れ輝く存在だ」的な。真剣に我欲は捨てて墨を磨って和紙に筆で念を込めて書いて、こまめに頻繁に繰り返しやるのがいい。現在完了形で書き、唱えると効果的。

宇宙エネルギー＝宇宙の根源である万物創生の波動エネルギー（氣）。霊氣を表す。

宇宙即我・我即宇宙＝臼井先生が鞍馬山で悟り「安心立命の境地」を開かれた時の言葉。宇宙波動と人間の生命波動が完全に響き合い、同期化して共鳴現象を起こして一体化したこと。万物一物、色即是空空即是色、量子波動論にも繋がる。

オーラ＝生体フォント（湯川秀樹博士）。氣や生体波動エネルギーともいう。電気的な現象のひとつ。

オーラ浄化法＝西洋レイキではオーラ・クレンジングともいう。施術者が他者に霊氣をやる前に自分自身の邪気を祓うこと。自分自身を清める。乾浴《かんよく》と通じる。

凝視法＝目からもエネルギー波動は出ますから、見つめて患部を癒す方法。西洋レイキではあまり言われない。

基本一二ポジション＝西洋レイキでは基本として行なう。日本の伝統霊氣では立ち式や座式などいろいろなやり方がある。

好転反応＝チャクラを開くと体を浄化する作用によって体調不良や、気分が悪くなることもある一時的な現象。体毒邪気を体外に流すことによって起こる現象。まったく何もない人も多い。薬やトラウマの多い人に見られる。二一日間の浄化期間に起こることが多い。セルフレイキをしっかりやることで解決することが多い。

教義五戒＝臼井先生が臼井霊氣療法学会員に授けていた教義。「今日だけは怒るな　心配すな　感謝して業を励め　人に親切に　朝夕合掌して心に念じ　口に唱えよ」。「招福の秘法万病の霊薬」とも言われる。

息吹き（呼気法）＝患部をさわれない時などに息を吹きかける霊氣のやり方。

自己霊氣＝セルフレイキ。自分自身への霊氣。

呪文＝真言・マントラのこと。

印＝九字・シンボルのこと。六芒星など。

チャクラ＝体内に存在するエネルギーの通路。古代サンスクリット語で車輪の意味。

切る＝シンボルを描くこと。

発霊法＝伝統霊氣で行なわれる自己鍛錬法。乾浴、合掌呼吸法、瞑想黙念。

調律＝チャクラの道（水道管）の汚れをきれいに流すこと。ピアノの調律みたいなもの。
ひびき＝ヒーラーが自分自身、相手の身体を触った時に感じる反応（熱い、冷たい、風、痛い、ピリピリなどの手のひらの感覚）。
ヴォルテックス＝望月俊孝氏設立の日本最大のレイキ団体。一九九三年より西洋レイキを基礎に多くのレイキヒーラを輩出している。西洋レイキは一九九〇年代に海外より逆輸入。
レイキ・アライアンス＝世界的に有名なレイキの組織。高田ハワヨ氏の弟子であるフィリス・フルモト氏が一九八一年にワシントンを本部に設立。
ラディアンス・テクニック＝高田ハワヨ氏の弟子であるバーバラ・レイ氏が一九八二年に設立。
レイキウォーター＝霊氣エネルギーで波動を良くした水。毎日、水に霊氣をかけることで身体に優しい水になる。
レイキボックス＝伝統霊氣にはない。西洋式レイキで考案された願望達成の目的、願望達成の箱。
レイキマラソン＝複数のヒーラーが一人の人に対して霊氣施術する方法（チェーン・レイキ）。
※マドンナ・アレギラ・ジョコビッチなどなどの有名人が存在しています。
※最後に、なぜ靈氣は難病、奇病に効果があるのか？
靈氣は物理的な見える力で施術は行ないません（揉んだり、叩いたり、引っ張ったりはタ

ブー）。私たちは単なるパイプとなって宇宙エネルギー（至高の気）を使って波動と光粒子によって施術をいたします。

そして私たち自身が相手を癒したり、改善させたりとはしていません。

古代ギリシャの医師で、今でも医療の神ともいわれるヒポクラテス、更に医師の倫理性と客観性について「誓い」と題した文章が全集に収められ、現在でも『ヒポクラテスの誓い』として受け継がれています。

彼は「人間の身体には一〇〇人の医者がいる」と語っています。

自然治癒力のことをこのように語っています。

靈氣は宇宙の持つ見えない宇宙の気（靈氣）を相手に流すことで、この「一〇〇人の医者」にスイッチを入れる手伝いをするだけです。

だからこそ、原因不明の難病、奇病に効果があります。なぜなら、ご本人の身体にどうすれば、改善ができるか知っているからです。

簡単に言うと、靈氣とは「一〇〇人の体内の医者」にスイッチを入れて、「その人にとって最適な状態に戻す」手伝いを、無料の宇宙の至高のエネルギーをお借りして施術をすることです。間違っても、自分の力などと、思っては靈氣は流れにくくなります。

さらに宇宙エネルギーを疑えば流れは弱くなるのは当然ですね。

附——レイキ基本各ポジション

レイキ基本ポジション一頭部一

①

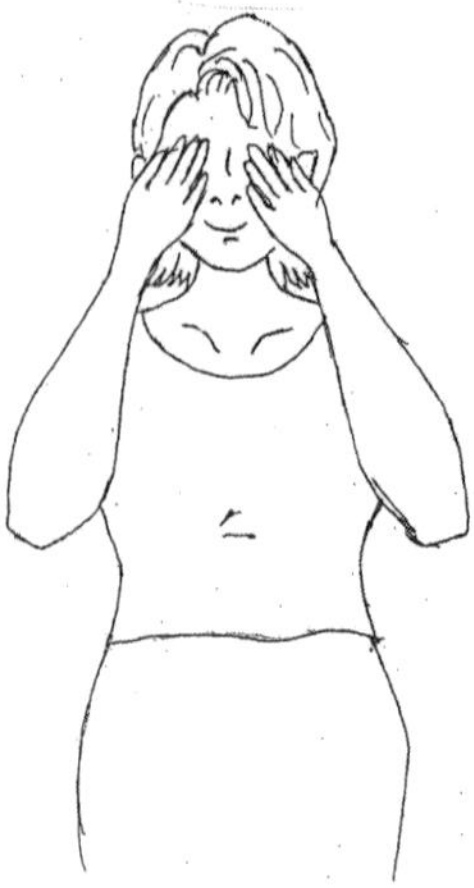

②

③

④

⑤

⑥

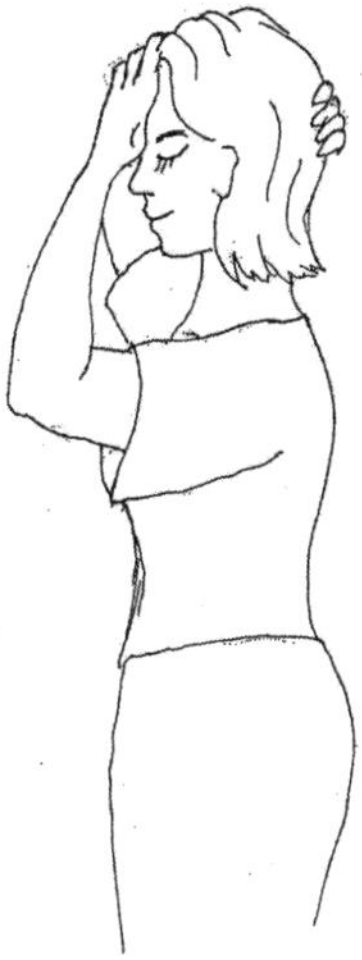

⑦

レ・イキ基本ポジション―前面―

①

②

③

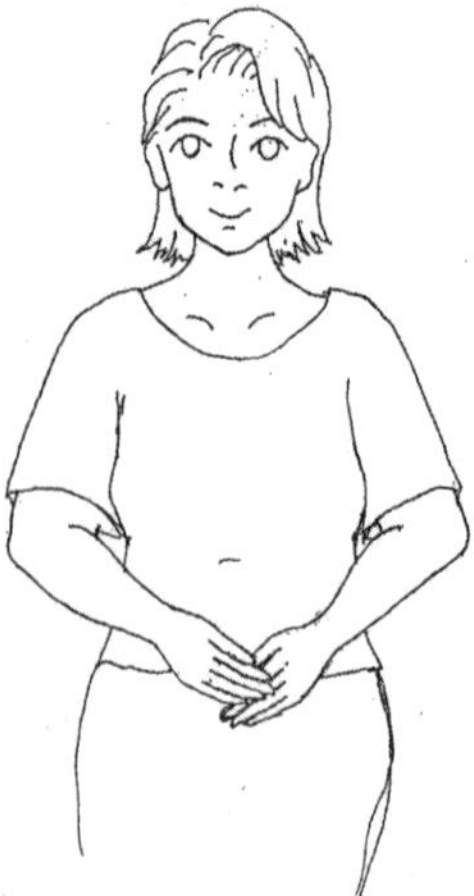

④

レイキ基本ポジション―背面―

①

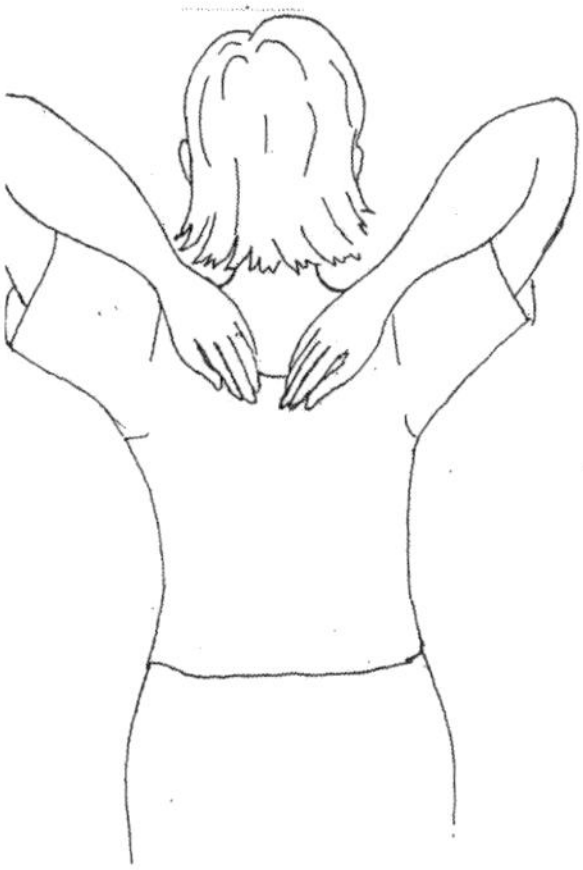

②

③

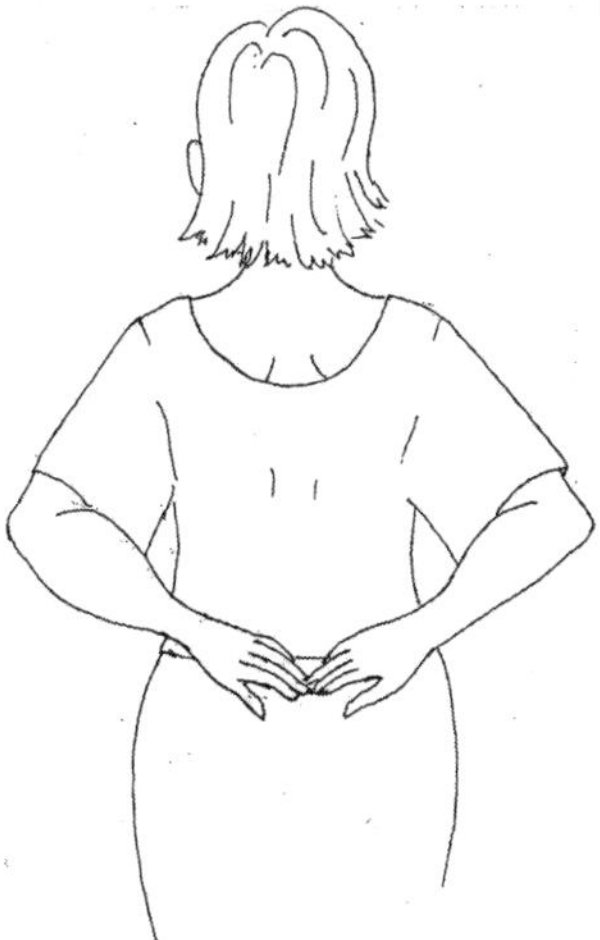

④

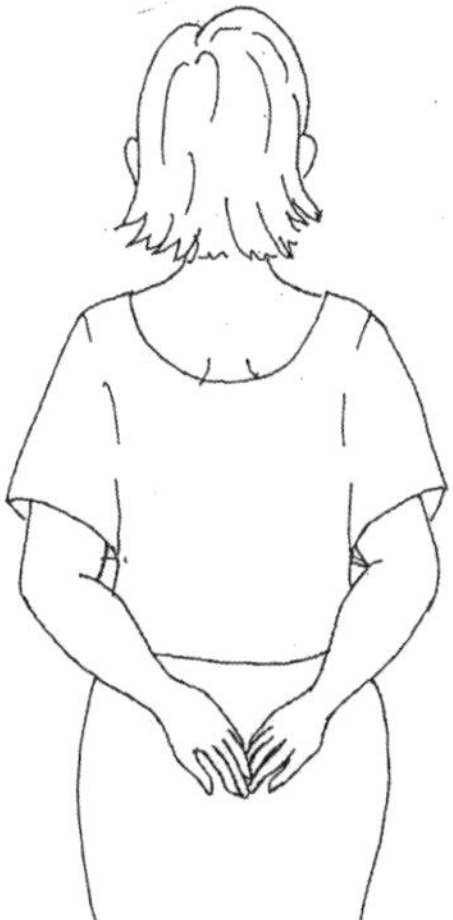

⑤

施術ポイント—頭部—

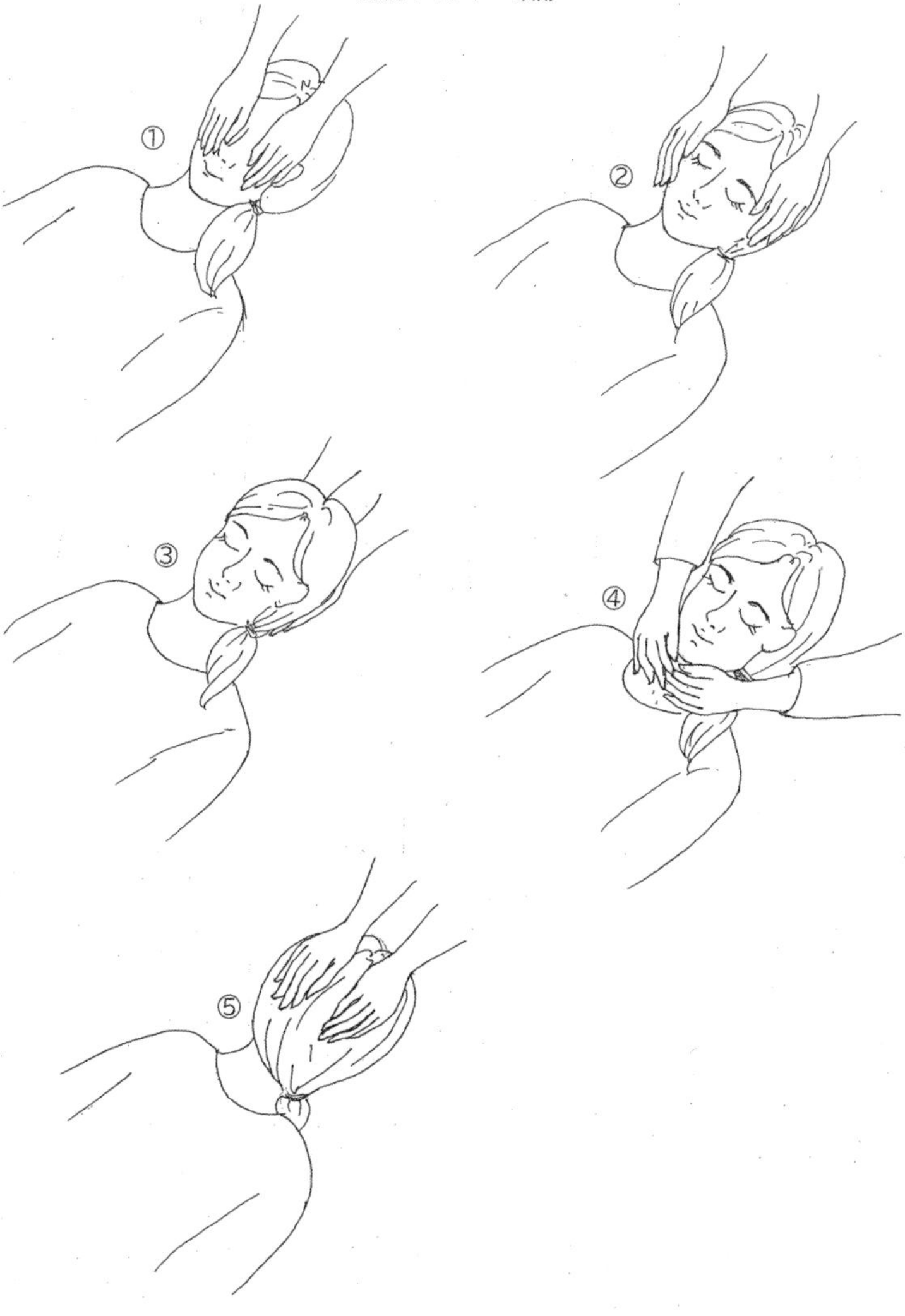

施術ポイント―前面―

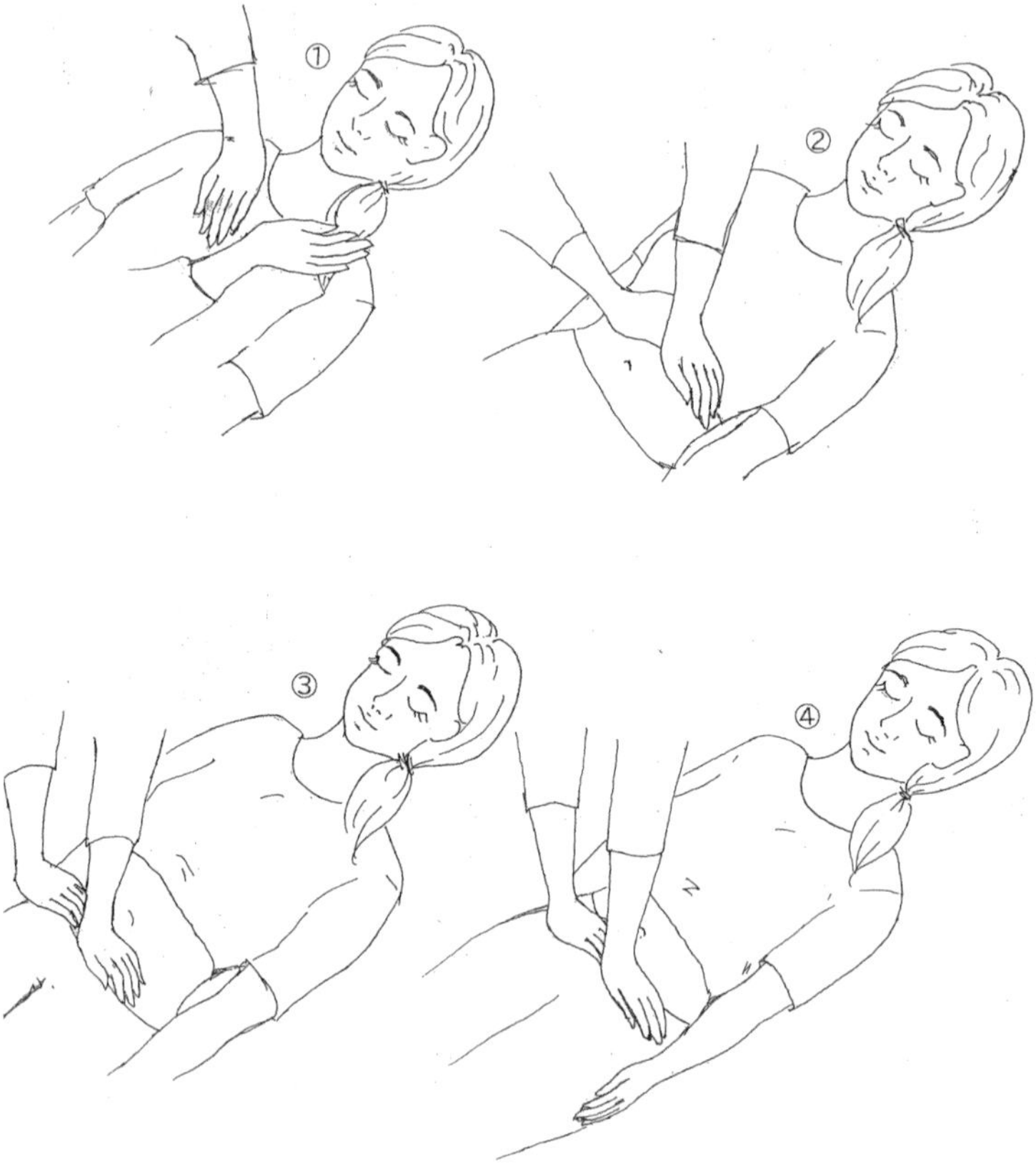

施術ポイント一背面一

①

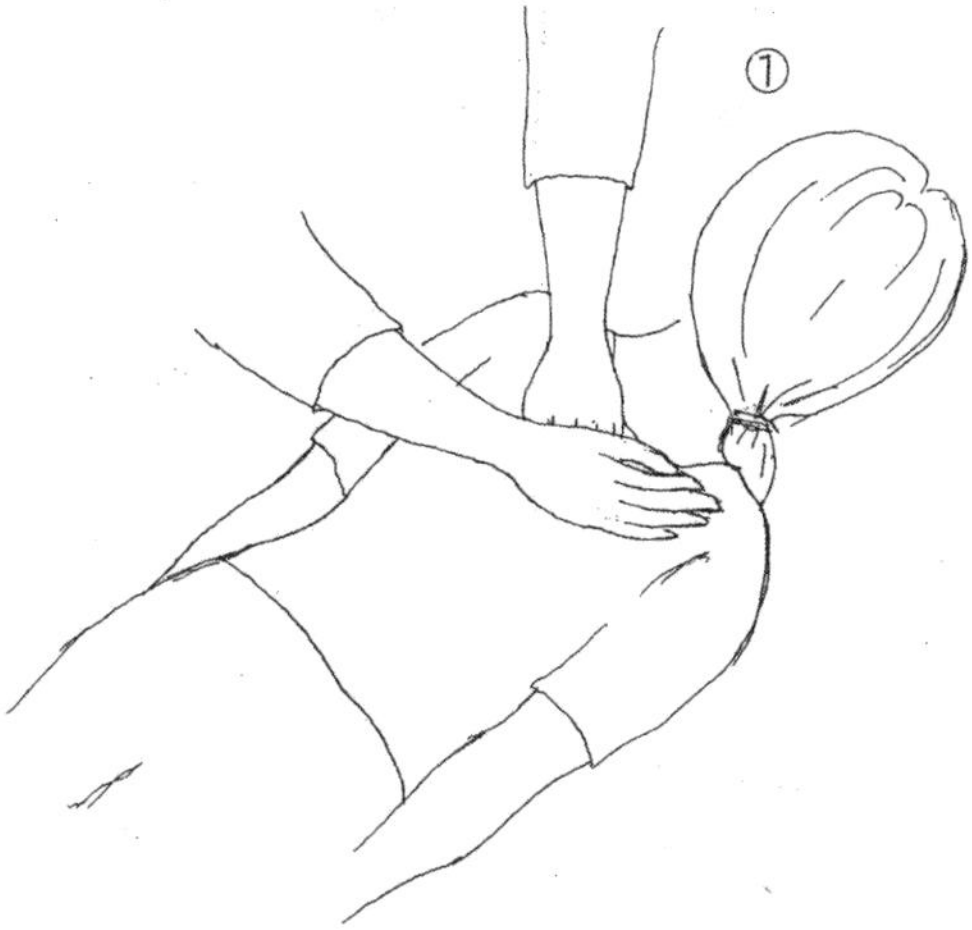

②

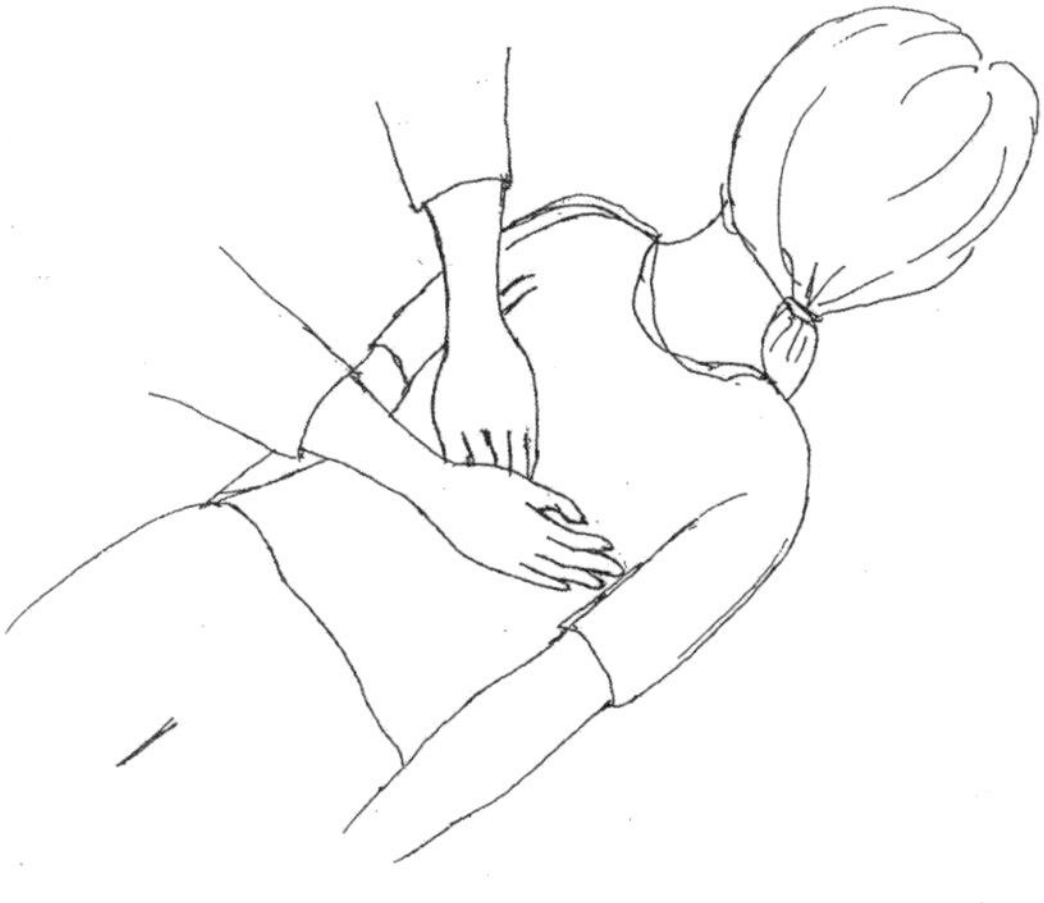

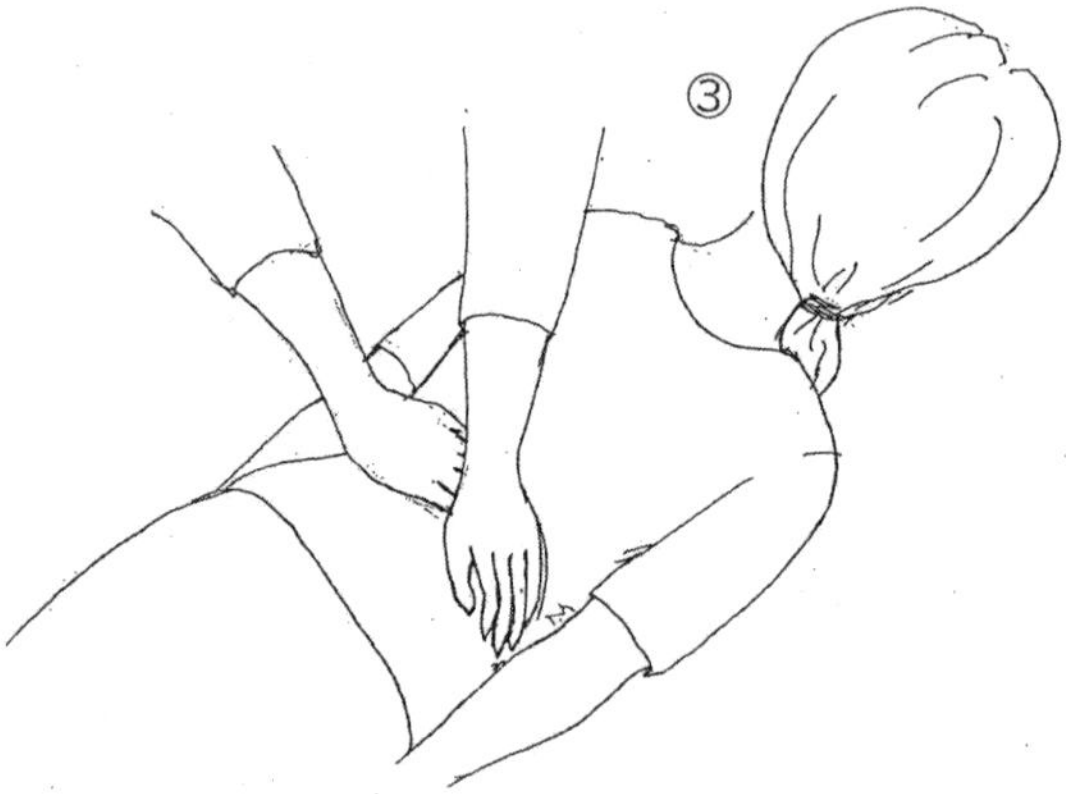
③

時短施術

レイキを受ける人に椅子に腰かけてもらい
ヒーラーは横に立って受け手を挟むように行なう

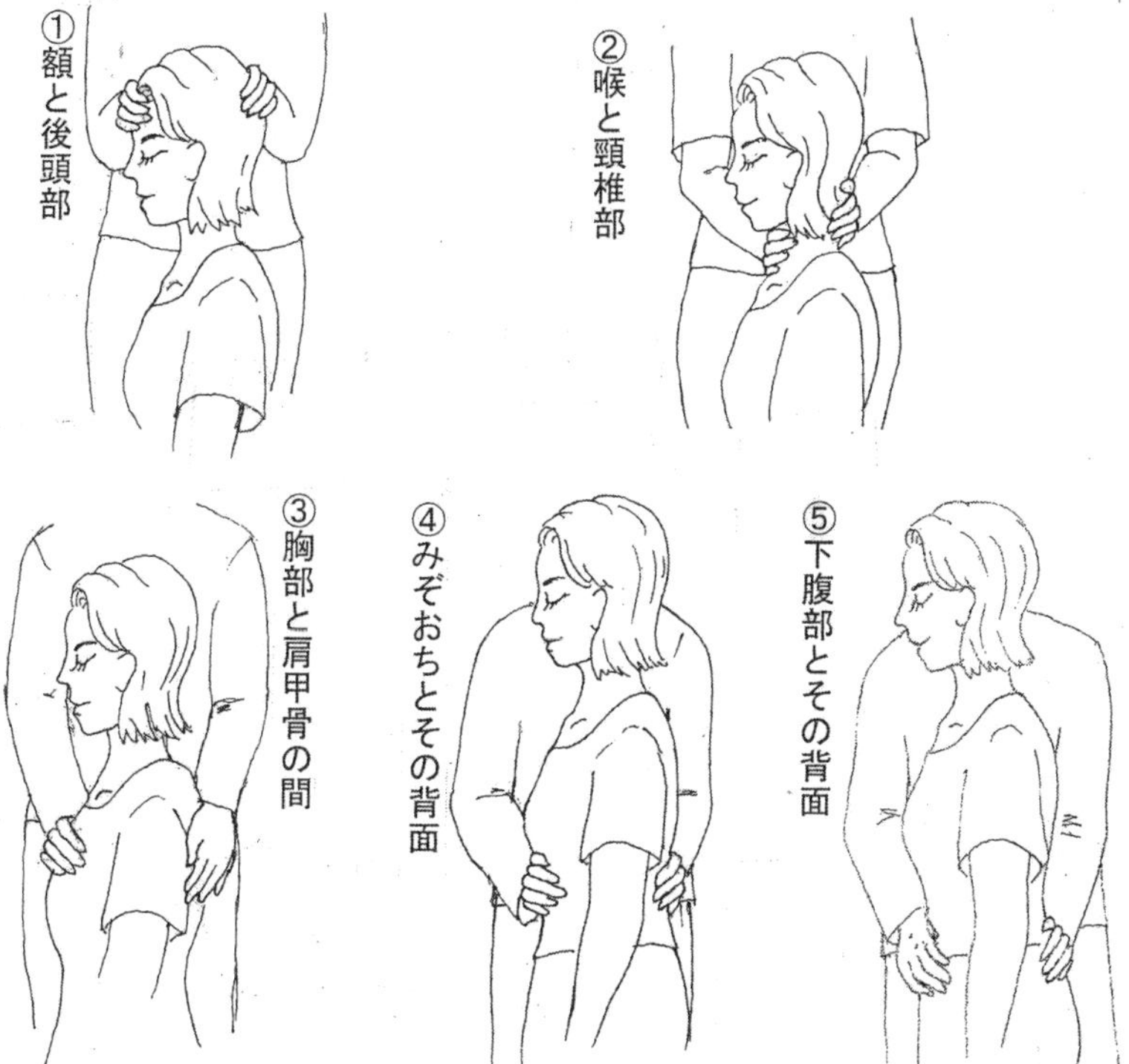

時短セルフレイキ

①同時に額と後頭部

第3の目ともいわれるチャクラ（直感、閃き向上）

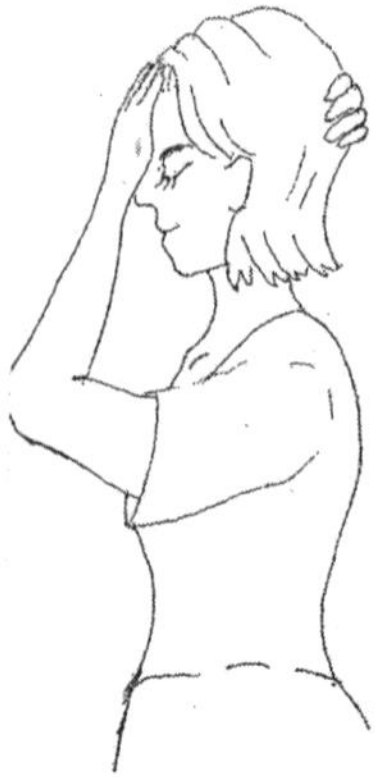

②胸腺とお腹（丹田）

落着き、免疫力、ホルモンバランス

③胸腺と心臓とみぞおち（決断力・行動力）

④後頭部と頸椎

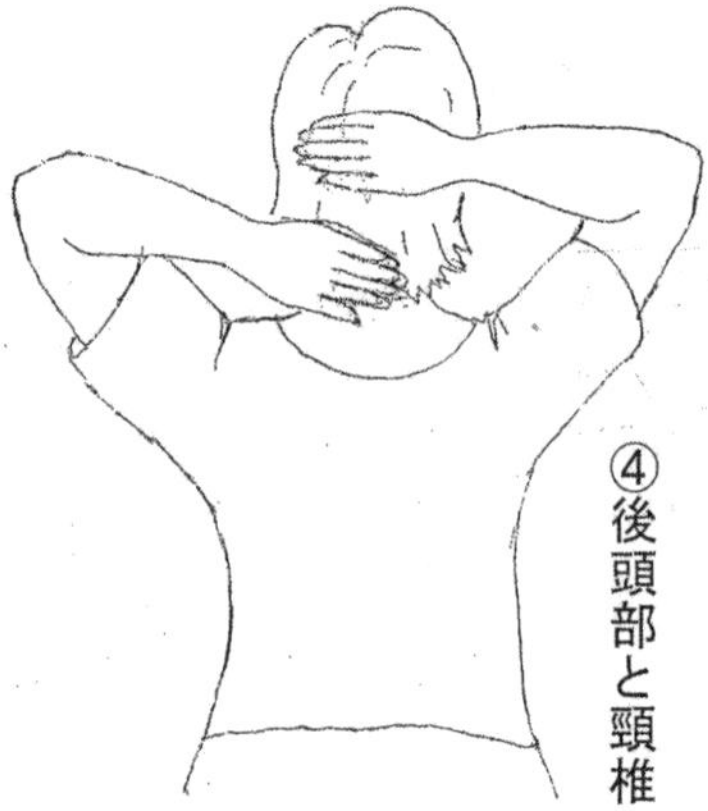

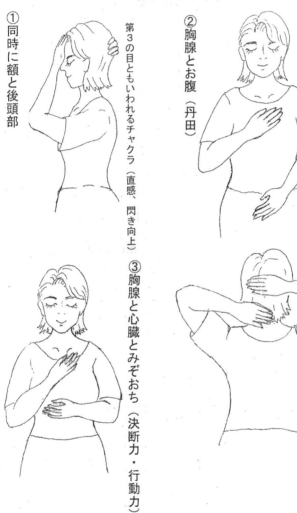

参考文献一覧

地上最強の量子波&断食ヒーリング　船瀬俊介他二名共著　ヒカルランド
量子医学　小林健著　キラジェンヌ株式会社
アインシュタインの悩みの解消に向けて宇宙と意識　東晃史著　技術出版
無の哲学　福岡正信著　春秋社
ラジオは脳に効く　板倉徹著　東洋経済
何故牛乳は体に悪いのか　フランク・オスキー著　東洋経済
驚異の腸内フローラ　田中保郎著　文化社
人間の構成　長武寛著　西応出版
色彩効用論　野村順一著　住宅新報社
正倉院薬物遠中心とする古代薬の研究　益富寿之助著
養玉院四百年史　遠賀庸達著　養玉院発行
AMGは魔術か医術か？　俊成正樹著　五月書房新社
笑いの免疫学　船瀬俊介
未来を救う「波動医学」　船瀬俊介　共栄書房
ガンは自分で治せる　安保徹著　マキノ出版
病は敵ではない　鈴木弘一著
老けない人の免疫力　安保徹著　青春文庫
プロメテウス解剖学アトラス　医学書院発行
癒しの手　望月俊孝　たま出版
日本人の遺伝子
癒しの現代霊気法　土居裕著　元就出版社

参考文献一覧

思考が物質に変わる時　ドーソン・チャーチ　ダイヤモンド社
直傳靈氣　山口忠夫　BABジャパン
象学・運命の構造　長武寛　平河出版社
仏陀の呼吸法　高田明和著
丹田発声呼吸法　松井和義　コスモス21
人生が変わる最高の呼吸法　パトリック・マキューン著
腸内フローラ　NHK NHKスペシャル取材班著　主婦と生活社
売り渡される食の安全　山田正彦著　角川新書
危険な食品　山田博士著　宝島新書
脱コンビニ食　山田博士著　平凡社新書
徹底図鑑人体のカラクリ　坂井建雄監修　宝島文庫
植物は凄い　田中修著　中公新書
腸から始める幸せ健康法　新谷弘美著　新星出版社
いつもの「バン」があなたを殺す　デイビット・バールマター著　三笠書房
アレルギーの9割は腸で治る　藤田紘一郎著
脳はバカ腸はかしこい　藤田紘一郎著　三五館
あなたの体は9割が細菌　アランナ・コリン著　河出書房新書
日本語人の脳　角田忠信著　大修館書店
細菌が人を作る　ロブ・ナイト著　朝日出版社
静電三法　楢崎皐月著
レイキを活かす　タンマヤ・ホナヴォクト　ガイアブックス
クロス・カレント　ロバート・ベッカー著・船瀬俊介訳　新森書房
細菌が人を作る　ロブ・ナイト&ブレンダン・ビューラー著　TEDBOOKS

量子波動器「メタトロン」の全て　ヒカルランド
ガンの予防は８０％はできる　崎谷博征著　三五館
薬に殺されない　近藤誠著　アスコム
病気の８割は腸とミトコンドリアで治る！　西原克成&田中保郎共著　ヒカルランド
東洋医学講座全十巻　小林三剛著　緑書房
子供の「脳」は肌にある　山口創著

【霊氣伝授師　長勝盛（ちょう・かつしげ）プロフィール】

福岡県博多の料亭旅館「大松屋」にて男子五人兄弟の末っ子として生まれる。

先祖代々、密教と神道を行ないの、篤い家系だったことにより、三歳より九州屈指の山岳密教行者叔父原田観心の巫女として、修行を積み、神童として二代目を期待され育つが、小学生になり興味を失い巫女を辞める。

次第に、興味は空手道、陸上、バレーボール、合気道など、スポーツへと移る。

就職で上京し、再び、叔父原田観心の弟子であり、芝公園で政財界の指南役としても活躍の叔父長正志に薫陶を受け、自然と神秘世界に興味が甦る。

本業の傍ら、気功、シルバーメソッド、レイキ、風水、陰陽占術、気学、方位学、観相学など修行を積む。

また科学的探求として波動オーラ、チャクラの研究に励み、その知識と経験を生かして全国で困った人々を癒す活動を行ない、全国で縁があり、知り合った方々でレイキ専門家や整体師、エステティシャンなどに氣の活用法も指導している。

そしてカラーについても、色彩効用医学、色彩効用心理学を学ぶ。

本業は宝石ビジネスのプロであり、専門学校設立、総合コンサルタントとして店舗設計、人材育成、経営相談、輸入卸商として活躍中。

宝石専門学校の卒業生は現在、国内外で業界のリーダーとし数多くの卒業生が活躍している。

全国のデパート、ハウステンボス、ニコニコ海苔、ミキモトなどで販売員研修、経営指導などにあたる。

一方、豊富な海外ネットワークを頼られ、政府ジェトロ顧問としてもタイ、シンガポール、スリランカ、ポルトガル、イタリアの宝石業界の指導にも当たる。

現在は医者や薬、道具に頼らずに、自然界の生物のように、自然治癒力を高め、自分の手当てによって、死ぬまで未病で、老衰で実家のあの世に帰れる人を増やし、医療費の無駄遣いを防止し、若者に税金を使って若者が夢を持てる国を願ってライフワークとして超霊氣を全国に一万人に拡める活動に情熱を傾けて東奔西走している。

霊氣の受講者には芸能界、政界、経済界、スポーツ界、医師、看護師、介護士、教師、教授、学生、幼児まで、これまで国内外に約二〇〇〇人（二〇二三年三月現在）のヒーラーを輩出している。

「共運塾」塾長
一般社団法人レイキ健運国際協会　理事長
日本健康づくり大学　講師
健幸セミナー講師
ジェトロ専門家講師
株式会社スカラベジャパン会長
株式会社プランドウチャンス代表
有限会社ジェムフリーランス代表
ジャパン・ジュエリー・ビジネススクール設立者

著書
『ジュエリーアドバイザー困った時に開く本パート1』
『ジュエリーアドバイザー困った時に開く本パート2』
『間違いだらけの宝石店選び』
『小商人の勧め』

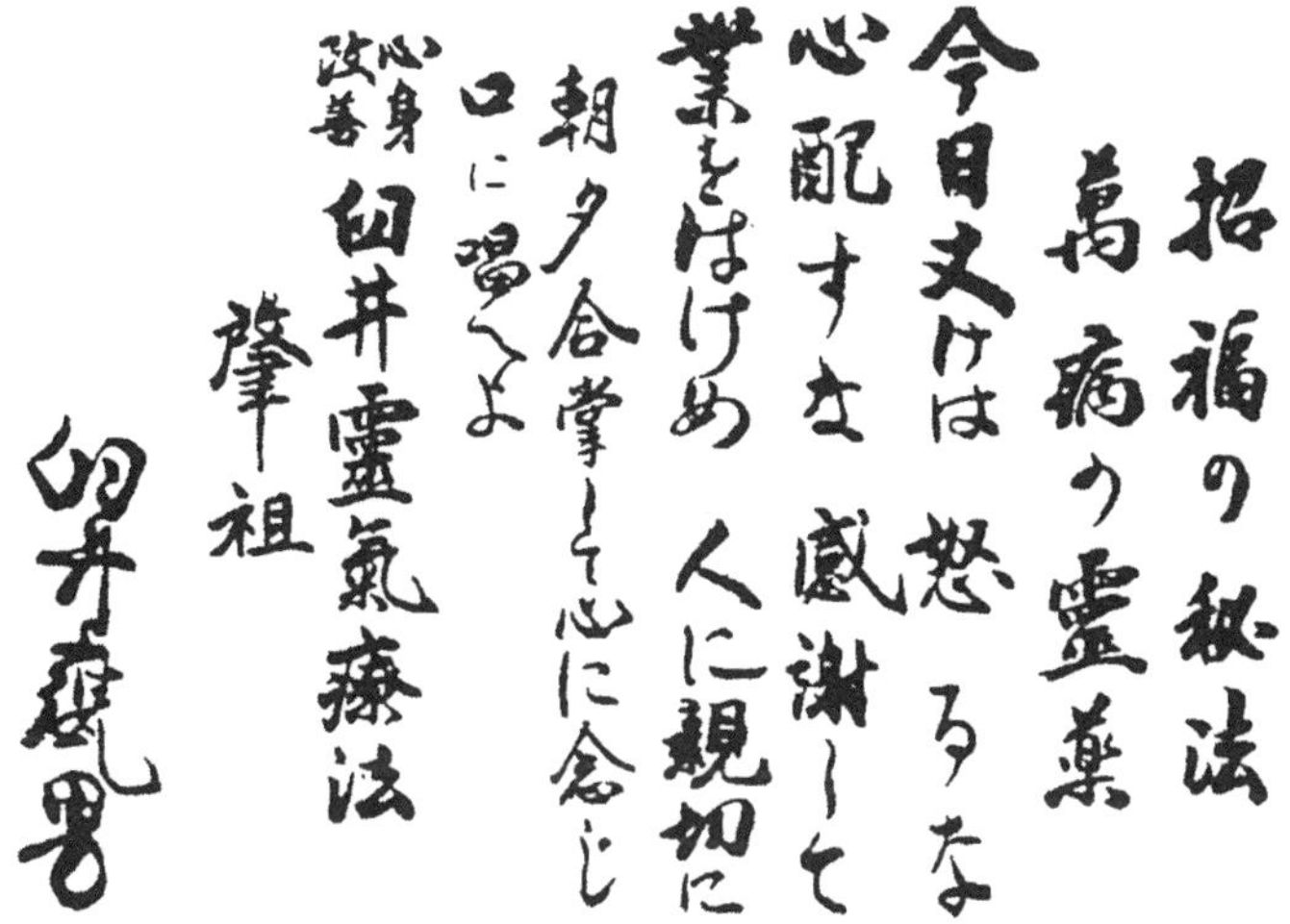
招福の秘法
萬病の霊薬
今日丈けは　怒るな
心配すな　感謝して
業をはげめ　人に親切に
朝夕合掌して心に念じ
口に唱へよ
心身改善　臼井霊氣療法
肇祖
臼井甕男

「五戒の書」

招福の秘法
万病の霊薬
今日だけは　怒るな
心配すな　感謝して
業をはげめ　人に親切に
朝夕合掌して心に念じ
口に唱えよ

超靈氣の奥義

2024年3月13日　第1刷発行
2024年5月15日　第2刷発行

著　者　長　勝盛

発行者　濵　正史

発行所　株式会社元就《げんしゅう》出版社

〒171-0022 東京都豊島区南池袋4-20-9
サンロードビル2F-B
電話 03-3986-7736　FAX 03-3987-2580
振替　00120-3-31078

装　幀　クリエイティブ・コンセプト

印刷所　中央精版印刷株式会社

※乱丁本・落丁本はお取り替えいたします。

ISBN978-4-86106-278-0　C0077